世界经典家教系列丛书

培养天才的传世秘籍

——卡尔·威特的教育

田学超　编

中国社会出版社

国家一级出版社·全国百佳图书出版单位

图书在版编目（CIP）数据

培养天才的传世秘籍：卡尔·威特的教育／
田学超编 . —北京：中国社会出版社，2016.9
（世界经典家教系列丛书）
ISBN 978 - 7 - 5087 - 5431 - 4

Ⅰ. ①培…　Ⅱ. ①田…　Ⅲ. ①儿童教育—家庭教育
Ⅳ. ①G782

中国版本图书馆 CIP 数据核字（2016）第 229442 号

书　　名：培养天才的传世秘籍——卡尔·威特的教育		
编　　者：田学超		

出 版 人：浦善新
终 审 人：李　浩
责任编辑：牟　洁　　　　　　　　　　　责任校对：陈　蔚

出版发行：中国社会出版社　　邮政编码：100032
通联方法：北京市西城区二龙路甲 33 号
电　　话：编辑室：（010）58124861
　　　　　销售部：（010）58124841
　　　　　　　　　（010）58124842
网　　址：www. shcbs. com. cn
　　　　　shcbs. mca. gov. cn
经　　销：各地新华书店

中国社会出版社天猫旗舰店

印刷装订：中国电影出版社印刷厂
开　　本：170mm×240mm　1/16
印　　张：15
字　　数：225 千字
版　　次：2016 年 11 月第 1 版
印　　次：2016 年 11 月第 1 次印刷
定　　价：45.00 元

中国社会出版社微信公众号

前　言

　　家庭教育、学校教育、社会教育是一个人成长和成才所需经历的三大教育。在这三大教育中，家庭教育首当其冲，尤为重要。如果，把一个人的成长和成才比作一棵树，那么，家庭教育就是树根，学校教育就是树干，社会教育就是树冠。家庭教育不光是学校教育和社会教育的根基，也是它们的支撑和保障。

　　家庭是孩子的第一所学校，也是他的终身学校；父母是孩子的第一任教师，也是他的终身教师。

　　如何教育好自己的孩子？这是当今父母所遇到的一个难题。

　　今天，不管是70后、80后还是90后，作为父母，我们遇上了历史上从来没有过的一段特殊的时期：科学技术的迅猛发展、传统观念的断层裂变、贫富差异的日益分化、互联网的深入影响、快节奏的生活方式、多元化的社交网络、信息爆炸的碎片化、人口迁移的多样性、教育资源的差异化……从计划经济时代到市场经济时代，从独生子女一代到放开二胎……无不深深影响着我们每一个家长对孩子的教育，关系孩子未来一生的成长。

　　今天，家庭教育已面临着前所未有的挑战，比历史的任何时期，都更受家长的关注和重视。

　　没有教育不好的孩子，只有不懂教育孩子的父母。不同的父母，不同的家庭教育环境，不同的教育方法和理念，教育出来的孩子截然不同。

懂教育的父母，可以成就孩子的一生；而不懂教育的父母，则可能毁了孩子的一生。

家庭教育成败的关键不是孩子而是父母，所以教育孩子应从父母抓起。

基于此，为了让新生代父母能真正成为孩子的第一位老师，完全掌握好的教育方法和理念，我们特从浩如烟海的世界家庭教育经典名著的历史长河中精心编著了这套《世界经典家教系列丛书》。这套书精心遴选了经过岁月的洗礼和时间的考验，结合前人的经验和后人的印证，已被后世所公认的家教经典：《学会与孩子对话——查斯特菲尔德给儿子的忠告》《培养天才的传世秘籍——卡尔·威特的教育》《打开孩子的财富之门——洛克菲勒教子书》《和孩子一起找到学习的乐趣——斯宾塞的快乐教育》《孩子也是父母最好的老师——斯托夫人自然教子书》《扮演好你在孩子眼中的角色——罗斯福教子书》《家庭是孩子最好的学校——约翰·洛克的家庭教育》《发掘孩子身上的巨大潜能——哈佛名人教子书》《走进孩子心灵的捷径——蒙台梭利育儿全书》《富过三代的秘密——摩根家族教子书》。

这套享誉全球的世界家教经典读物，揭开了孩子成长发展的奥秘，堪称改变和影响了全世界孩子成长的教育圣经。

这是一套值得每位父母收藏的家教经典，涵盖了孩子在成长和成才过程中的各个方面：包含健康的体魄、健全的人格、高尚的品性、良好的学习方法、完美的人际交往、个性的独立、能力的提升、财富的获取、情感的经营，以及日后婚姻、家庭、生活、事业等方方面面。

一套十本，每本书分别着重从不同的角度和方面来阐述对孩子的教育。这里的每本书可以分别独立，十本书又互成一体，全方面、全方位来帮助家长更好地教育孩子。

这套经典家教读物，影响深远，涵盖古今，气势恢宏，弥补了当前国内全面系统、深入细致、权威有力介绍世界家庭教育名著的空白，且有着其独有的魅力与特色：其一，这是一套推动西方教育革新，影响全世界几代人成长，历经数百年而不衰的教育精华，所选的每一本都是经典中的经典，权威中的权威；其二，每一部作品，结合当前的教育，使影响世界教育进程的大家作品与时下父母的教子需求完美结合；其三，深入浅出，通俗易懂，让高高在上的教育论著走下神坛，成为最接地气的家教读物；其四，没有干瘪的说教，不是枯燥的论述，而是案例丰富，故事生动，可读性强，借鉴性大，实用性强，启发性大……

　　这是一个教育最好的时代，这也是一个教育最坏的时代。谁能抓住孩子教育的黄金时代，谁就能给孩子创造一个美好的未来。

　　希望每一个孩子都能健康成长、快乐成才；希望每一个父母都能教子有方、助子成才。

　　希望把这套家教读物送给每一位已为父母和即将为父母的人，还有每一位教育工作者和每一所图书馆。

　　给孩子最好的礼物，莫过于给孩子最好的教育。

　　给孩子最好的教育，从此书开始吧……

　　谨以为记。

田学超

2016 年 5 月 20 日于武汉

关于这本书

　　这本书是世界上最早论述儿童早期教育的文献，著于 1818 年，是 19 世纪初德国的一位乡村牧师写的。这本书完整而详细地记录了这位教师的儿子小卡尔·威特从一个智力平平的婴儿是如何成长为一个年仅 14 岁的哲学博士的。作者的教育理论的核心认为：家庭教育比天赋更重要，孩子的成才决定于早期示教。教育儿童必须与儿童的智力开发同步开始，家长需要尽可能提前和正确地开发孩子的智力。

　　本书出版后受到了许多闻名世界的教育学家的重视。虽历经百年但对年轻的父母有很好的启迪作用。书中的教育方法实操性强，教育案例生动翔实，无数阅读过该书的父母都成功地培养出了优秀的孩子。

目录

教育是孩子成为天才的必经之路（原作序）

所有人都说卡尔生下来就是所谓的天才，我的教育并没有起到让他成为天才的作用。如果上帝真赐予我一个天才儿子，这当然是上帝对我的仁慈。可是，实际上并非如此。

当时没什么人相信我的话。严格地说只有一个，那就是格拉彼茨牧师。格拉彼茨牧师曾经说过："威特的非凡天赋不是天生的，是你的教育创造了他的巨大成功。你的教育方法造就小卡尔成为这样一个天才不是什么奇怪的事。而且我认为，小卡尔今后一定会更加令世人震惊。"

在我的儿子出生之前，几个青年牧师和几个青年教育家共同组织了一个研究早期教育的学会。格拉彼茨牧师是该会的会员，其后也介绍我进入了该学会。

有一次在学会上，一个人提出一种观点："对于孩子，天赋比教育更加重要。教育家就算尽力施教，作用也非常小。"因为我很早就提出与这个观点完全相反的意见，于是当场就反驳说："我不这样认为，对于孩子，教育比天赋重要得多。孩子会成为天才抑或是庸才，不是决定于天赋如何，而是决定于五六岁之前的教育。当然，孩子的天赋是有差异的，可是这种差别是非常有限的。所以，不管那些生下来就具有非凡天赋的孩子，就是那些天赋一般的孩子，只要教育得法，也都能成为不平凡的人。爱尔维修曾经说过：'即使是普通的孩子，只要教育得法，也会成为不平凡的人'，我坚信这一论断。"

说完自己的观点，我突然成了众矢之的，他们一起向我反唇相讥。于是我说："你们有这么多张嘴，而我只有一个，我必定是争辩不过的。所以与其跟你们争论，还不如拿出证据来。只要我能拥有一个孩子，而且你们都觉得他不是低能的孩子，那我就一定会把他培养成一个非凡的人。"他们回答说："行。"

会议结束之后，我来到希拉得牧师的家里和他进行探讨，并继续讨论。可是仍然毫无结果，我只是不断地重复自己已经说过的话。

在会上一直保持沉默的格拉彼茨牧师当时却明确地支持我。他说："我坚信，你的誓言一定会获得成功。"可是希拉得牧师断言，那是不可能的。

之后不久，我的儿子出生了。格拉彼茨牧师马上把这个消息通知了其他会员。他们一直很关注我儿子的成长，那意思差不多就是：好，这回就看你能否证明自己的观点！每次见到我和格拉彼茨牧师，他们就问："情况如何，有希望吗？"对这个情况，格拉彼茨牧师和我总是回答他们说："是的。"他们却依旧怀疑我们。

当儿子四五岁时，我让希拉得牧师看看我的儿子。"看上去真是个好孩子！"这时，他已经看出小卡尔不是个普通的孩子了。

感谢上帝，我的心血最后没有白费，我的辛劳付出也最终结下了硕果。

亲友们很关注我的教育方法，常常鼓励我，总是给我支持和帮助。应该说，我的成功很大程度上来源于他们的支持。因此，我一生都不会忘记他们对我的一片好心。

我的朋友们都期望我把这种教育方法著书公之于众，而我多次拒绝，但最终还是被他们说服了。为了答谢朋友们的关心，我决定将自己的教育方法公开。

不过，我不能承诺，运用这种教育方法教育子女的人就一定能像我一样成功。也没必要让所有孩子都像我儿子一样接受那样的教育。

当然，关于儿童教育方面的书在欧洲是十分多的，都是一些大教育家的著作。而我——老卡尔·威特，洛赫的小村的一个牧师，作为一名神职人员，成为上帝与凡人之间的信使才应该是我的天职——竟然来写一本教育孩子的书，何况下面的观点可能会与教义格格不入，这无疑是不得体的。但是我坚信，不管谁采用我的教育方法，肯定都会获得良好的效果。

为了消除各位对我写作的资格质疑，请允许我首先向大家介绍我的儿子——小卡尔·威特的成功经历。小卡尔·威特出生于 1800 年 7 月，他 8 岁就能运用德语、法语、英语等六国语言；并且通晓动物学、物理学和化学，尤其擅长数学；9 岁考入莱比锡大学；10 岁就读哥廷根大学；13 岁著作《三角术》一书；1814 年 4 月，他因为发表的数学论文优秀从而被授予博士学位。

其实我和妻子一直期望能生下一个健康优秀的孩子，但我们十分不幸，我们的第一个孩子出生几天就夭折了，于是想拥有自己孩子的愿望变得更加强烈。可能这个愿望感动了上帝，在我 52 岁的时候，第二个孩子出生了，也就是上面我介绍的那个优秀的孩子小卡尔·威特。不过实际上，他并不是一个健全的婴儿。他一生下来就表现得四肢抽搐，呼吸急促，虽然我很不愿意承认，但这孩子明显先天不足。

还是婴儿的卡尔反应迟钝，看上去有些痴呆。我掩饰不了失望和悲伤，曾经哀叹："我这遭的是什么罪啊！上帝为什么给了我如此一个傻孩子呢？"邻居们总是劝慰我不要过于担忧，可是他们在心里依旧认为卡尔是个痴儿，而且还在背后常常为孩子的未来和我们的处境议论。

但是我对他们并没有丝毫的埋怨。因为当时就连我的妻子也不赞成我再花费工夫培养儿子了，她绝望地说："孩子这样的状况就算我们教育他也不会有什么作用的，那样做只是白费力气罢了。"

我虽然很悲伤，但并没感到绝望。我无法改变孩子的天赋，但我却要负担起做父亲的责任，尽可能给他最好的教育。虽然如今儿子看起来状况不太好，但我一定会将他培养成非凡的人。

没什么人相信我的话，甚至连我的许多亲戚朋友也不相信。甚至，他们一直持怀疑态度关注着卡尔的成长，直到这场我在儿子身上所做的"天才是取决于天赋还是后天培养的"的试验产生了明显的结果。

我认为，小卡尔如今已获得这样突出的成就，在今后仍然会获得更为非凡的成就。

在前面说了这么多，各位一定觉得过于冗长了。我的思想与当下流行的教育方法完全不同，在培育儿子的过程中，一直备受教育家们怀疑的眼光，大概因为我对于教育孩子的观念和这些专家们所持观点完全不同吧。

似乎人们也并不理解我的教育方法。在小卡尔成名之后，人们大多只是责怪他们自己为什么不能把孩子都培养成像卡尔那样出色的人。其实这样毫无益处，甚至会让那些教育家们对我的教育理论更加敌视。

我写作这本书其中一个目的是让那些教育权威不再敌视我，也是为了向诸位介绍正确的天才观。我有一个观点：对于孩子来说，假若家庭教育不好，就算让顶尖的教育家去教育，也不会有好的效果。

第一章　迎接我的孩子

国民的命运不是握在掌权者的手里，而恰恰是握在每一位母亲的手中。

达·芬奇曾说："同一个灵魂支配着两个躯体，母亲的愿望对其腹中的胎儿不断产生影响，母亲的意志、希望、恐惧以及精神上的痛苦对胎儿的严重影响，大大超过对母亲本身的影响！所以，教育孩子，首先从改造孩子的母亲开始。"

现实中，有些人很多时候会根据自己的实际情况寻找婚姻伙伴，在这个过程中带着不同的动机，有些为了美貌或者是性格，甚至是家世。这种人对于婚姻的价值观让我感到厌恶，婚姻更理应是爱情和生活的完美结合。有人说，你看我的家境不佳，难道还能挑三拣四吗？如果想要富裕的婚后生活，我一定要找个有钱人家的女儿结婚，也有人说，为了以后可以飞黄腾达，别的都在所不惜，我必须娶一个出身名门的姑娘；还有人说，我是因为看上妻子的舞蹈技能才选择与其结婚；也有人说，因为妻子容貌美丽，我才和她结婚的。

我们的后代都跟孕育他的母亲有着重大的关联，所以，我们更应该在选择伴侣的时候，抛弃不当的功利性和目的性，这样，选择一个合格的女人组织家庭，才会让自己的孩子生活在一个温馨和谐的家庭里，便于孩子茁壮成长。

1. 我选择了一个合格的妻子

我之所以选她，是由于她很善良。在我的眼里，她非常勤劳和知书达礼，而且永远都能理解和支持我。虽然我作为一个牧师，生活十分清贫，没有让妻子过上富裕的生活，但她从来没有对我埋怨过。

现实中，有些人很多时候会根据自己的实际情况寻找婚姻伙伴，在这个过程中带着不同的动机，有些为了美貌或者是性格，甚至是家世。这种人对于婚姻的价值观让我感到厌恶，婚姻理应是爱情和生活的完美结合。有人说，你看我的家境不佳，难道还能挑三拣四吗？如果想要富裕的婚后生活，我一定要找个有钱人家的女儿结婚，也有人说，为了以后可以飞黄腾达，别的都在所不惜，我必须娶一个出身名门的姑娘；还有人说，我是因为看上妻子的舞蹈技能才选择与其结婚的；也有人说，因为妻子容貌美丽，我才和她结婚的。

这些观点都是极为错误的。我们固然要选择身体健康和善良的女人做妻子，不过我认为，只要对方没有明显的缺陷和家庭遗传的病症，我们实在没有必要带着特定目的去选择配偶。

我的妻子不算是那种十分漂亮的女人，但我们非常相爱。我之所以选她，是由于她很善良。在我的眼里，她非常勤劳和知书达礼，而且永远都能理解和支持我。虽然我作为一个牧师，生活十分清贫，没有让妻子过上富裕的生活，但她从来没有对我埋怨。

我的孩子来到这个世界，可以说这个世界的一切事物对于孩子来说都是新奇的。我的使命是尽我的能力让儿子变得优秀，让他顺利地成长，同时尽情享受生活给他带来的乐趣。

大多数父母都是在孩子长到两三岁时才注意到应当尽早给孩子的成长提供好的环境，应合乎上帝的要求，必须健康、合格。

2. 我为妻子孕育宝宝做好准备

一旦妻子怀了孕，我们就更应当有规律地进行生活作息。甚至，为了能生下一个健康正常的孩子，我们在妻子还没怀孕之前就应该开始注意自己的精神和体质。以上说法，不只是说给作为妻子听的，而是说给夫妻双方听的，连我也毫不例外。

天下间所有的父母都期望自己能生下天才，希望自己的孩子长大后成龙成凤。但是世上事往往难如人意。为了能生下一个健康正常的孩子，我们在妻子还没怀孕之前就应该开始注意自己的精神和体质。

医生建议我们，怀孕的最佳时期是在七八月份。由于七八月份是各种蔬菜和水果最丰沛的时期，在这个季节怀孕的妇女，能够把充足的营养素提供给胎儿，而且这个季节的空气质量相对比较好，有利于胚胎早期的正常发育。十月怀胎，到第二年的五六月份时孩子出生，那时正是春暖花开、万物迅速生长的季节，为婴儿提供了好的生长环境，这样能够最大可能地避免畸形儿的出生。

我们夫妇在要孩子之前，一位医生朋友就曾告诉过我们，如果夫妇酒后受孕，胎儿很可能会发育缓慢，智力相对其他孩子也较为低下，尤其是妇女饮酒，后果最为严重。因此，夫妻双方至少应在受孕前三个月就必须开始戒酒。

我们有义务竭尽全力让自己的孩子克服各种障碍，也就是要让他们尽量具备优秀的品德和健康的体魄走向社会。为了完成这一义务，在生孩子之前夫妇不应该整天待在一个窄小屋子里，所以我和妻子常常到户外散步走动，那样很容易让我们的心胸开阔。我们的性格都比较平和，很少有冲动的时候。在那段日子里，我们的生活很安宁。我想，在我和妻子都充分注意我们自身的精神和体质的情况下，孕育出来的孩子一定会身心健康。

如果父母在婴儿面前动手打架，或者大喊大叫地争吵，婴儿就会受这种情绪感染，并逐渐适应这种环境。一个五个月大的婴儿已经能够记住一支小提琴协奏曲，同样地，在他将来结婚的时候，他也已经做好了与自己配偶争吵的准备。

如果一对和谐的夫妻生了孩子，当孩子在成长中看到的总是慈母充满笑容的脸庞，那么这个婴儿一定会人见人爱。婴儿的面部表情不是任何人可以教出来的，而是根据环境自然形成的，同样，一个孩子的性格也是这样形成的。

但是，假设一对中年夫妇有了一个孩子，父亲常常外出，晚上也不回家，夫妻关系十分紧张，家庭总是被云雾所笼罩。尽管这个孩子是他们的第一个孩子，但是他看不到笑脸，他的母亲终日郁郁寡欢。这样，这个婴儿也将变得毫无生气，甚至个性也会变得与他的母亲一样。

环境决定一个人的个性，这种现象具有相当的普遍性。

一个婴儿出生之后受母亲的影响最大。当然，父亲也会一定程度影响婴儿的成长，但是，通过哺乳而形成的母婴关系是无法割断的，是维系终生的。因此，一个喂养母乳长大的孩子的母婴感情，和一个喝奶粉长大的孩子的母婴感情肯定是不同的。婴儿会在无形中模仿父母的个性和行为甚至其他的各方面。

我和妻子的感情很好。我认为，仅仅为了下一代我们也应该和睦相处。孕妇应当保持愉快，这需要丈夫的配合。丈夫应在妻子怀孕期间更加体贴关心妻子，让妻子维持良好的情绪状态，这样才会有更大的把握生出一个聪明健康的小宝宝。

一旦妻子怀了孕，夫妻就更应当有规律地进行生活作息。以上说法，不只是说给作为妻子听的，而是说给夫妻双方听的，连我也毫不例外。我们尽量早睡早起。以前我会深夜祈祷，这种习惯是在年轻时养成的。但是自从妻子怀孕后，我就改掉这习惯，因为怀孕的女人尤其需要丈夫的体贴。何况，如果我在深夜读书，一定会影响妻子和将来的孩子，做些改变我认为是值得的。

妻子一直很喜欢泡热水澡，她把经过一天的劳累后洗一个热水澡当作一种享受。但是在她怀孕期间，我坚决制止她这个喜好，因为在过高的水温之下她虽然会感到很舒服，但对胎儿却是极为不利。

虽然妻子即将作为母亲，可有时候还是会任性，于是乎在有些情况下我会哄她。

有一次，妻子偷偷泡热水澡被我知道了，我开始责怪她。

"你怎么又泡热水澡？我不是给你说过太高的水温对孩子有害吗？"

"哼！自从怀了孩子，你所做的一切都只为了孩子，你已经不像以前那样关心我了。"妻子假装生气地说。

"你怎么能这样说呢？孩子是我们的，我关心他不就是在关心你吗？而现在泡热水澡确实对孩子不利，以后你想怎么泡都可以，我才不干涉你呢！"

"可是，这几天我浑身都不舒服，身上难受死了。"妻子辩解，"你不是总说母亲如果心情不好就不会生出健康的孩子吗？现在我不泡热水澡就不开心，你说怎么办？"

虽然妻子是在与我开玩笑，不过也有一定的道理。于是，以后每天我都让女佣给她准备热水泡脚，并亲自用热毛巾给她擦身子。

那段日子是我至今难忘的。我不像很多人那样在妻子怀孕后便冷落她，相反，那时的我们是那么亲近。

在妻子怀孕期间，我每天还从外面带回鲜花，并给她推荐一些好书，都是为了让她保持快乐的心情，我也在很多方面给予妻子更多的关怀和体贴。

有一天妻子突然处于不安和恐惧之中，那天我从外面回来一走进房间就发现她有些不对劲。

"亲爱的，发生了什么事？"我问妻子。

我过去将她轻轻搂住，并柔声地问她："有什么不舒服吗？告诉我。"

"卡特琳娜的儿子死了。"妻子的语调非常不安。

卡特琳娜是我们的邻居，她的孩子生下来就得了一种怪病。只是没想到那个可怜的孩子这么快就离开了人世。如果那天我在家，我一定不会让妻子听见这个消息。这种消息对于一个已经怀孕的妇女是最难以接受的。

"你不知道我听到这个消息后有多难过，我突然想到了我们的孩子。"妻子悲伤地说道。

"哦，亲爱的，千万不要这样想。"我连忙劝慰她："那是因为卡特琳娜的孩子从出生时就有病，我相信我们的孩子一定没有问题。"

"可是，我们的第一个孩子不是也夭折了吗?"说到此处，妻子大哭起来。

当时我真是措手不及，但我还是竭力地控制住自己，帮助妻子从悲伤之中挣脱出来。

"来，让我来帮你。你应该尽快忘掉不愉快的事。试试看，做一个深呼吸。"我一边说，一边给妻子做示范。

那天晚上我都陪伴妻子，给她谈我看的书。第二天，妻子已经完全恢复了往常的愉快心情。

3. 我的妻子，是一位可爱的好母亲

有一位著名的指挥家曾经说起一段亲身经历。他第一次登台就能够不看乐谱进行指挥，那时候，旋律不断地浮现在他的脑海中，他十分惊异地将此事告诉母亲，母亲回忆说："你指挥的曲子正是我怀着你时经常演奏的曲子。"由此可见，音乐胎教对孩子的影响是多么深远。

母亲的教育对孩子极为重要，从我有限的知识来看，历史上的伟人往往有一个善于教育孩子的母亲。我的儿子卡尔获得了这些成就，也要感谢他的母亲。

孕妇多听优美动听的音乐可让她的情绪愉快，这种良好的情绪感受能够传递给胎儿，另外，胎儿也可通过孕妇腹壁直接感受到音乐的旋律，这能够促进胎儿感官功能的发育。实际上，怀孕 5 个月的胎儿已经具备了听觉条件。

　　有一位著名的指挥家曾经说起他的一段亲身经历。他第一次登台就能够不看乐谱进行指挥，旋律不断地浮现在他的脑海中，他十分惊异地将这件事告诉母亲，母亲回忆说："你指挥的曲子正是我怀你时经常演奏的曲子。"可见音乐胎教对孩子的影响是多么的深远。

　　孕妇经常听和谐轻松的乐曲，腹中胎儿自然也会心旷神怡，母亲会感觉到柔和而有节奏地胎动。如果让孕妇听声音高强的音乐，胎儿则会在母亲腹内胡踢乱蹬，烦躁不安。高强的噪音有可能造成孩子先天性的缺陷，而孕妇自己唱歌则对胎儿更为有益。

　　妻子天生一副动听的嗓子，结婚之前在我们村里她就是一个有名的姑娘，谁都知道她歌唱得很好。所以在怀孕期间，她常常轻轻地歌唱，并且坚信腹中的孩子一定听得到。

　　除了让腹中胎儿听音乐外，我和妻子还经常隔着腹壁呼唤儿子，跟他说话，或唱歌给他听，这是一种沟通我和妻子与孩子间感情的纽带。卡尔出生后听到我们呼唤他的声音就会做出回应，似乎感到十分熟悉，他对脱离他母亲的身体以后的新环境并不感到陌生，而且很快就适应了，这不能不归功于他在母亲腹中时我们跟他的感情交流。

　　妻子每天傍晚都会平卧在床上，腹部放松，双手捧着胎儿，用两根手指反复轻压胎儿，与胎儿玩耍，并轻轻推动胎儿，让他在腹中"散步"，进行腹中体操锻炼，后来儿子出生后，果然动作发育很突出，肌肉活力较强，特别是肌肉力量较强，没几天就能坐起来了。

　　在给胎儿做体操时孕妇要注意不可让胎儿过分活动，不然就会发生脐带缠绕等意外事故，另外，如果感觉胎儿在腹中踢蹬不安时，孕妇要马上停止，并对之进行抚摸，让胎儿安静下来。

　　妻子在怀孕期间十分讲究饮食，用她的说法就是"我的一切都会影响到孩子"。所以她在怀孕期间从来不吃辛辣的东西，连咸菜、虾这一类的东西都一概不吃，甚至连她最爱吃的油炸咸鱼都戒掉了。她说"我的宝贝一定不能吃这些东西"——这些东西会破坏胎儿娇嫩的皮肤。她说虽然是自己吃而不是喂给孩子，但那些东西到了肚子里肯定会被孩子吃掉。

对怀孕的妇女来说，所有的米、面都不宜过分精细，因为加工过于精细的米面会失去许多营养。同时蔬菜的摄入和鲜豆类食品的补充也是必要的，柑橘、枣、山楂等水果也要多选用，鱼肉和蛋黄更是孕妇的理想食品。

4. 我已经为孩子的出生做好准备

斯波克提议，在小宝宝出生之前，父母应该把宝宝所需的物品都准备好，这样做的好处在于能够减轻父母以后的负担。孩子生下来以后，往往会让年轻的父母手忙脚乱，如果在孩子降生前就做好了一切必需的准备，这会让父母在抚养孩子的过程中变得更为从容镇静，也更有信心。

孩子成长的环境，应当尽可能让其美观，让其感到愉悦。很多人坚信周围环境美，会让孩子也变美。对于孩子的房间来说应该选择家中最好的位置，阳光充足、空气新鲜。房间的墙壁最好采用暗绿色调，这样更有利于孩子的视力。床是洁净的，被子要软而轻，毛毯也应是轻的，重的易让孩子疲劳。

墙壁上要挂有各种名画的复制品，最好在壁炉和桌子上陈列一些著名的雕刻仿制品，这些仿制品是很便宜的。

斯波克提议，在小宝宝出生之前，父母就应该把宝宝所需的物品准备好，这样做的好处在于能够减轻父母亲以后的负担。孩子生下来以后，往往会让年轻的父母手忙脚乱，如果在孩子降生前就做好了一切必需的准备，这会让父母在抚养孩子的过程中变得更为从容镇静，也更有信心。

婴儿在出生后的一年内长得十分快，因此一定要买很宽松的衣服，否则过不了多久就没法穿了，而且衣服宽大也便于新生儿活动。

　　我和妻子给卡尔都是用棉布做的衣服，棉布衣服保暖力强，而且容易吸水，透气性好，质地也很柔软。我们给卡尔准备的尿布的常用材料是纱布，容易晾干。尿布尺寸要大一点，如果每天都洗的话，估计20～30块尿布就够用了。

　　在带卡尔外出时，我们给卡尔穿上防水短裤。但是在家里则不宜给孩子长时间穿防水短裤，因为穿上这种短裤，尿布会变得更湿、更暖，也容易让婴儿得尿疹。

第二章　没有不同的孩子，只有不同的环境

法国启蒙思想家爱尔维修说：如果所有的孩子都受到一样的教育，那么他们的命运就决定于其禀赋的多少。可是今天的孩子大都接受的是不同的教育，所以他们的禀赋连一半也没发挥出来。比如说禀赋为 80 的，可能只发挥出了 40；禀赋为 60 的，可能只发挥出了 30。

爱尔维修的言论有其片面性，他在强调环境对孩子成长的作用时，忽视了他们在天赋上必然存在的差异。对于这一点我有充分的认识，我绝不会像爱尔维修那样不承认孩子的天赋有所不同，有人攻击我不承认孩子的天赋不同，这是对我的诬蔑。

没有不同的孩子，只有不同的环境，这句话不完全否定所有孩子在出生的时候的天赋秉性都是一样的，在现实生活中，有的孩子天生就比较聪明，有的比较愚笨，这是必然的。虽然后天对他们的成长会有更重大的影响，但是仅仅片面强调后天环境对孩子的培育而否定孩子天生的禀性差别，这也是不当的。

虽然当时我也并不知道自己的儿子将来会成为怎样的人，但作为他的父亲，我只能够将一切我认为最好的环境给他，有决心将我的教育观念施加在儿子身上。这一切绝不会白费，对此我深信不疑。

1. 如何养育孩子取决一切

当我们说某些孩子具有天赋的时候，这些孩子已经长到五六岁了。如果面对一个刚出生的婴儿，一定不会有人断言这孩子将来一定会成为优秀的音乐天才或者这个婴儿将来会成为一个了不起的文学家。断言一个五六岁孩子的先天能力，与断言一个初生的婴儿是不同的。

在历经漫长的等待后，我们的儿子终于出生了。对于一个像我这个年龄的人来说，儿子的出生简直是一种无以言表的欢乐。

但现实是，他并不是一个健全的婴儿。小卡尔一生下来就表现得四肢抽搐，呼吸急促，虽然我很不愿意承认，但这孩子明显先天不足。还是婴儿的卡尔反应迟钝，看上去有些痴呆。邻居们总是劝慰我不要过于担忧，可是他们在心里依旧认为卡尔是个痴儿，而且还在背后常常为孩子的未来和我们的处境议论着。

面对这样一个孩子，我感到一种沉重的压力：他能够成才吗？

对于妻子来说，这起初的事实是她不愿接受的，她简直不敢相信我们在失去一个孩子之后得到的这个孩子居然还是那么让人失望。

在短暂的悲伤之后，我和妻子便开始全心投入到对儿子的认真培养之中。

爱尔维修曾经说过："人刚生下来时都一样，仅仅因为环境，特别因为幼小时期所处的环境不同，有的人可能成为天才抑或是英才，有的人则变成了凡夫俗子甚至蠢材。就算是普通的孩子，只要家长的教育得法，也会成为不平凡的人。"

在儿子还没生下来以前，我已经坚信这一说法，而且常常向别人宣传。当然爱尔维修的言论有些偏激，他过分强调环境对孩子的作用，完全无视了孩子在天赋上的差异。我绝对没有像爱尔维修那样不承认孩子不同的天赋，有人攻击我不承认孩子的天赋不同，这是对我的诬蔑。

有人说："卡尔·威特牧师，您说孩子在于后天培养，不是天生成才。可现在您的儿子明显先天不足，您有把握让他成为非凡的人吗?"

每次遇到这样的问题，我总是毫不犹豫地回答："我有把握，我一定能让卡尔成为非凡的人才。"

虽然当时只知道作为孩子的父亲，我有责任将我的教育观念尽力施加在卡尔身上，让他成才。所有的一切绝对不会白费，对此我深信不疑。

哲学家卢梭曾经在他的《爱弥儿》一书中有一则比喻：有两只狗由一只母狗所生，并在相同的地点接受同一母狗的教育，但是，其结果完全不同。其中一只狗看上去聪明伶俐，另一种狗显得愚蠢痴呆。这种差异就完全是它们的天赋不同造成的。

我的看法是：孩子的天赋当然是千差万别的，有的孩子多有的孩子少。假如我们最幸运地拥有一个禀赋为 100 的孩子，那么先天欠缺的孩子其禀赋大约只能在 10 以下，而一般孩子的禀赋大约只能在 50 左右了。

如果所有孩子受到的教育是一样的，那么他们的命运当然会决定于个人的天赋。可是多数孩子受到的教育都不尽相同，可以说他们其中很多人的禀赋连一半也没发挥出来。

因此，假若能借这个机会，作为家长，实施教育让孩子发挥八到九成的天赋，那么即使生下来天赋只有 50 的孩子，我相信他的能力大概也会高于天赋 80 的孩子。

2. 天才的失败来自于父母的过度催压

是否教育得法极为重要。如果作为家长的我们教育失败，不要说天赋一般的普通孩子，就算是本身拥有高超天赋的孩子也会被错误的教育方法扼杀，才能得不到最好的开发，最终碌碌无为。如果这个悲剧发生，那么作为父母的我们，罪责难逃。

我记得，卡尔出生后第三天，格拉彼茨牧师来到了我家。

格拉彼茨牧师在发现小卡尔算不上机灵之后有些担心。

"威特先生，您知道，我一直坚信您的说法。可是现在，我真为您担心。"格拉彼茨牧师说道。

"担心什么呢？格拉彼茨牧师。"虽然，我已经懂得他是在担心什么，但我仍想让他亲口说出来。

"请原谅，我知道这样说会让你感到难受，但我不能在事实面前装作无知。"格拉彼茨牧师说道。

"哦，格拉彼茨牧师，请直说。"

"我看得出来，小卡尔看上去不是很机灵。但我想，我们要勇敢面对这个事实。"格拉彼茨牧师说道。

"是的，小卡尔现在的确不太聪明，但我并不认为这是决定性因素。"我回答。

"也许这并不意味着他不会成为天才。不过，您必须要付出更多的努力。"格拉彼茨牧师鼓励我说。

我默默地点了点头，表示同意他的说法。

许多知名的人在成名后都说过，他们都曾受到父母的催压，结果留下毕生的创伤。英国哲学家约翰·斯图尔特·穆勒的父亲在他少儿时期就对他进行无情的管教，不允许他有假日，生怕破坏他刻苦学习的劲头，任何事都对他严加管束。所以穆勒后来患上精神抑郁，终生存在心理障碍。在自传里，他痛心疾首地回忆了受父亲压制的悲惨情景。

卡尔·冯·路德维希是一个著名而悲惨的例子。卡尔的父亲亲自教导儿子高等教学，意图强迫他分分钟都在学习。他反对一切与学习无关的东西，例如体育、游戏、对大自然的探索，等等。他主修数学，很多教授都预言卡尔会成为一名世界级数学家。可是，谁想到卡尔上了研究生后，竟然对数学失去兴趣，接着随即转入法律学院，但很快也对法律失去兴趣。

这两个示例都恰恰说明，正确的教育方法是极为重要的。

3. 我的儿子是开始萌芽的幼苗

人就像瓷器，幼儿形成了人一生的基本雏形。幼儿时期的孩子相当于制造瓷器的黏土，家长施加的教育会使他们形成各种雏形。威廉就曾经教导我们："幼儿是成人之母。"此话千真万确，我们必须承认，成人的基础是在小时候建立起来的。

我妻子的母亲，一个善良的天主教女人曾这样劝慰我："威特，既然小卡尔天生不是那么聪明，你也就用不着烦恼和悲伤。千万不要因为曾在别人面前许下的承诺而感到困扰。"

我知道她是一番好心，在那种情况下还能够如此理解体谅我，并对我予以关爱和安慰。对此，我感激不已。

可是，对于小卡尔的教育，我并没有像别人想象的那么悲观。虽然小卡尔不那么聪明，但对他的未来，我始终充满信心。

我认为培养孩子需要充分的耐心和智慧。特别对于我这个不幸的父亲来说，因为我面对的是一个天赋并不高甚至还低于普通人的孩子。

柏拉图曾在他的《理想国》中对他心目中未来的理想国家有过全面的描绘。在他勾勒的那个理想国中，"子女教育是社会的基础。"这一见解实在高明。

人就像瓷器，幼儿形成了人一生的基本雏形。幼儿时期的孩子相当于制造瓷器的黏土，家长施加的教育会使他们形成各种雏形。威廉就曾经教导我们："幼儿是成人之母。"此话千真万确，我们必须承认，成人的基础是在小时候建立起来的。

所以，对孩子的教育一定要尽早开始，开始得越早，获得的效果就越显著，孩子越有可能成长为趋近完美的人。

4. 我的教育理想是让儿童的潜能发挥十成

人生来就拥有特殊的能力。不过这种能力潜藏在人体内，没有在表面呈现出来，我们通常称这种能力为潜能。这种潜能就是儿童天赋的才能。因此，天才并不是我们平常觉得的只有极少数人才能具有的天赋，而是每个人身体里都潜藏着这种能力。

我认为，教育儿童必须与儿童的智力开发同时进行。而时下流行的主导思想是：儿童的教育应当开始于七八岁。人们对这种论调一直深信不疑。

很多人错误地认为，早期教育会有损于儿童的健康。由于它们的盛行，我的教育理论，在世人的眼里变得荒唐至极，更别说指望父母们会运用我的理论将一个"凡夫俗子"培养成"天才"了。即便小卡尔经过我的正确教育后已经开始表现出许多优于普通儿童的方面，但人们仍然普遍认为，他的才能不是我教育的结果，是天生的。

对此，我实在感到无可奈何。卡尔出生时是怎样一个婴儿，我在前文已经介绍过。现在我还想向各位描述一下他出生时的细节。我想，只有这样才能让大家有一个准确的印象，看看我的这个儿子是不是所谓的天才。可以这样说，任何人只要在那时看见了小卡尔都绝不会认为他是个天才，反而会很快认定他是个白痴。卡尔是提前出生的，他比预产期早了一个月，他还未得到母亲足够的孕育就突然来到了这个世界。出生时，这个倒霉的小家伙就被脐带缠住了脖子，差点窒息而死。医生抢救后，小卡尔活了下来。但他仍然四肢抽搐，呼吸困难。当时，医生说了一句令我难受而又客观实在的话："这个孩子虽然能够活下来，但明显先天不足，他的大脑看起来发育不健全。虽然他今天活了下来，恐怕将来未知的生活对于他来说可能比今天更加可怕。"

事实上我和妻子对卡尔的天赋感到失望。小卡尔反应极为迟钝。他不能主动寻找母亲的乳头，只能靠妻子把奶挤出来一点一滴喂他。看着儿子的这种情形，我既悲伤又着急，但我并没有放弃自己的主张。我想，既然这孩子天生的禀赋不太好，那么就一定要尽力让孩子的禀赋发挥出八九成，甚至更多。如果要做到这一点，对儿子的教育必须与儿子的智力发展同步开始。那么，早期教育一定可以造就天才，要明白这个道理，就要从儿童的潜在能力谈起。根据研究表明，人生来就拥有特殊的能力。不过这种能力潜藏在人体内，没有在表面呈现出来，我们通常称这种能力为潜能。

教育的理想是让儿童的潜在能力达到十成。但很遗憾，由于教育不得法，很多人都白白消耗了这种潜能，这就是为什么天才极少。如何成就更多的天才呢？最重要的是尽早开发孩子的潜能，引导孩子自由地发挥出这种潜能。

5. 破解儿童潜能的递减法则

儿童潜能的开发遵循递减法则，所以作为家长，在我们教育孩子的时候其中最重要的一步就是尽量避免孩子的潜能递减，而且这种递减是因为家长未能把握机会发展孩子的潜能造成的。因此，教育孩子的最重要的一点就在于要把握时机地给孩子发展其能力的机会，也就是要让孩子尽早发挥其能力。

需要各位特别注意，儿童具备的潜能是遵循着递减法则的。

产生这一规则的原因是这样的，每个动物的潜在能力，都有着各自的发达期，而且这种发达期是固定不变的。当然，有些动物潜在能力的发达期是很长的，但也有些动物潜在能力的发达期却是很短的。

我们人类也是这样。下面说一个众所周知的例子。司各特伯爵夫妇带着处于婴儿时期的儿子出海旅行，不料遇到大风暴全船人都遇难，司各特伯爵夫妇带着儿子登上无人的海岛。岛上多为热带丛林，司各特伯爵夫妇很快就因疾病失去了生命，后来一群大猩猩收养了几个月大的小司各特。大约20年之后，英国商船的人们惊奇地在岛上发现已经长成强壮青年的小司各特，他不会用两条腿走路，也不会说话，不过能像大猩猩般在树枝间跳跃和攀爬。人们将他带回英国，当时引起了巨大的轰动，也引起了科学家们的极大兴趣。科学家们开始教导小司各特学会人类的各种能力，想着让他重新回归人类社会。最后他们花费了10年工夫，小司各特最终学会了穿衣服，用双腿行走。但是，他始终说不出一个连贯的句子来，当他要表达自己的情感时，他会像大猩猩一样吼叫。

这样就表明，小司各特二十多岁时已经错过了学习语言的最佳时期，于是他这种能力永远消失，因为人类学习语言的发达期是在幼儿时期。

这个例子就能很好地说明，儿童的潜在能力是存在着递减法则的。所以教育孩子的第一要义就要是杜绝这种递减。教育孩子的重要性就在于要把握时机，给孩子发展其能力的机会，也就是要让孩子们尽早发挥其能力。

6. 我从儿子出生那天就开始对他进行教育

对3岁以前的婴儿教育是"模式教育"。据我所知，婴儿不会厌烦多次重复的事物，所以3岁以前是对他们"硬灌"知识的时期。婴儿依靠天生直觉感可以在一瞬间大概掌握事物整体，这种能力恐怕是成人远远比不上的。

我认为，要从孩子出生那天就开始教育他们。可能那些教育家又要站起来反对了，因为在他们的观念里，这么早对教育幼儿是十分不利的。

虽然当时很多人都反对我的尽早教育孩子的想法，但我仍然按照自己的想法去做了。

事实上，孩子到 3 岁之前是最重要的时期。因为这一时期，孩子学习新事物的方式和以后完全不同。

刚出生的婴儿不能分辨人的面孔，但到五六个月，他就能区别自己母亲和别人的差异，就是所谓的"认生"。婴儿的这种模式识别能力，已经远远超过我们的想象。对 3 岁以前的婴儿教育是"模式教育"。据我所知，婴儿不会厌烦多次重复的事物，所以 3 岁以前是对他们"硬灌"知识的时期。婴儿依靠天生直觉感可以在一瞬间大概掌握事物整体，这种能力恐怕是成人远远比不上的。

那么我们应该给 3 岁以前的孩子"硬灌"些什么知识呢？我想可以有下面两个方面：一是文字、语言、音乐和图形等可以奠定孩子智力大脑活动基础的知识；二是灌输正确的人生基本准则和态度。

总而言之，生下一个健壮聪明的孩子，这只是父母走出的第一步，以后的路会更长，事情更琐碎，责任也更重大。

所以，从孩子出生那天起，作为父母的我们就必须好好教育子女。

第三章　我抓住了儿子智力发展的黄金时期

　　我们如何教育才能尽早发挥孩子的能力呢？据我所知，如果婴儿已经感觉到你对他的关怀和爱抚，就说明你已经在教育他了。成功的父母第一步就是能够随时感知孩子的需要。作为父母应该随时随地感知孩子的任何需要，接着尽量去除孩子的不愉快。这是父母和孩子建立的第一条成功的亲情纽带，这纽带可以为以后教育和训练孩子提供良好的感情基础。

　　还有，对孩子的教育除了随时解决他们的需要之外，还须把握好时机对他们的智力进行开发，因为如果不利用与开发婴儿时期的一切能力，那么他们的智力就永远也得不到发展。因此，我决定从训练他的五官和刺激大脑发育开始。

　　根据儿童潜能递减法则，一个孩子在成长的过程中，是有某种智力发展黄金时期的。这个最佳期十分关键，它对人一生的智力发展都有着决定性的作用，我们千万不能错过。对儿童早期智力开发的关键，就是抓住黄金时期。

　　一位科学家曾经说过：一切智慧的根源在于记忆。根据"用进废退"的原理，早期教育能够让记忆力发展的时间大大提高。尤其在婴儿时期，父母每时每刻重复教育他们相同的词汇，不断刺激更新孩子大脑里的词汇库，能够促使孩子的记忆力迅速发展。

1. 孩子吃的食物很有讲究

德国有句谚语，意思是"人的性格取决于食物"。如此看来，人的性格和食物确实有着重大的关联。曾经有人提出"菜食疗法"，按照他们的说法，父母选择不同的食物，就能让孩子形成不同的性格。

在小卡尔大约 4 个月之后，每当他吃母乳前，我都会先给他吃点蜜柑汁，接着又添加一些香蕉泥、青菜粥、苹果泥，等等。再过一段时间，开始给他喂汤，然后吃煮熟的鸡蛋、马铃薯等。

德国有句谚语，意思是"人的性格取决于食物"。如此看来，人的性格和食物确实有着重大的关联。曾经有人提出"菜食疗法"，按照他们的说法，父母选择不同的食物，就能让孩子形成不同的性格。

就拿孩子来说，人们总是以为孩子吃得越多就越健康。真实的情况刚好相反。孩子吃得过多反而会阻碍大脑发展，还会让孩子认为吃便能解决一切问题。

有一天，我看见妻子正在喂小卡尔吃牛奶，便走了过去。

"怎么？刚才不是喂了吗？"我问道。

"是的，但我看他在哭，就想再给他喂点牛奶。"妻子说道。

"不，卡尔刚才已经吃饱了。"我从妻子手中夺过奶瓶，"他没有再吃任何东西的必要了，至少他现在还不需要。"

因为突然失去了口中的美味，小卡尔"哇哇"大哭起来。

"你这是干什么呀！"妻子不高兴地说。

这时，卡尔的外祖母走了过来。

"上帝呀！你怎么能这样对待这个可怜的孩子。"外祖母喋喋不休地抱怨我起来，"婴儿都是要喝牛奶的，你为什么不让他喝。这孩子自从生下来就那么不幸，你为什么还要如此对待他呢？哦，可怜的孩子！"

"我不是不想让他喝牛奶，只是我认为他现在没有喝的必要。"我解释道。

"你不让他吃饭，他如何会变成天才呢？我看你整天说的教育都是纸上谈兵。"外祖母生气地说。

后来，我跟妻子讲明这其中的道理，告诉她我们不能总是顺从孩子，应该以谨慎的态度来教育孩子。妻子很明白事理，在明白道理之后，也没有再像以前那样过分地顺从孩子了。

2. 我会保持儿子健康愉快的心情

没有愉悦的心情和健康的生活，所有人都会觉得不快乐。如果连身体都不健康，那么对身边的美就欣赏不了了。因此，对于孩子来说，身体健康是十分重要的。

有句谚语"健全的精神寓于健全的身体"，这是有根据的。的确，有的天才体弱多病，但不是天才就一定病弱。

我和妻子会在天气晴朗时带儿子到田野里去玩耍，天气好时让他在屋外睡觉。当他在屋内睡觉，我会在床上铺上便于他的手足自由活动的鸭绒褥。

有一天，我和妻子去教堂做弥撒。家中女佣柯蒂太太留在家里照顾小卡尔。

可是，当我们回到家看到小卡尔被严严实实地裹在被子里，手脚乱动地"哇哇"大哭，我们气急了。

"这是怎么回事？"我急忙问，"柯蒂太太，小卡尔生病了？"

"没有，"柯蒂太太说，"今天天气很冷，我怕他会冷，所以把家里的炉火生得旺，还给他裹上被子。"

"喔，我的上帝，你真蠢！"我忍不住大声叫嚷起来。

"怎么？我做错了吗？"柯蒂太太不解地问我。

"你没见小卡尔不喜欢这样吗？"我说，"这样他会很难受。"

说着，我便打开了裹着小卡尔的被子，让他自由活动。

"这会让他生病的。"柯蒂太太焦急地说。

"你别把孩子冻坏了。"妻子看见也连忙出言制止。

这时，小卡尔不再哭了，他显得十分高兴，十分满意。

我知道柯蒂太太也是一番好心，但她的做法完全错了。

由于我们让卡尔经常进行户外运动，所以卡尔 6 周时就长得很大，像 4 个月大的孩子。生物学的理论说："个体发育是整体发育的短暂重复。"

我会训练卡尔悬吊在棍子上，还有让孩子抓住我的手指，他会用力拉起自己的上身。等到后来反射弧消失时他的胳膊已经练得十分有力。

我还培养孩子喜欢洗澡的好习惯。我和妻子每天都会给儿子按摩手脚，这样就能发展他灵敏的触觉和促进他五官和肢体的灵活度。而且，我教他洗脸、洗手、刷牙，并且从他小时起就教他用手绢擦鼻涕。

这样，经过我的精心培育，小卡尔从体弱多病的婴儿变成一个既健康又活泼的孩子。

3. 我让儿子从小体会到乞求是不可能得到快乐的

我这样做就是想让小卡尔知道啼哭是不能赢得别人的重视的，更重要的是，在得不到别人重视的时候他也应该为自己找到快乐。小孩子有时候会莫名其妙地"哇哇"大哭。很多人总认为他们哭就一定是因为肚子饿了或着不舒服。其实，真实情况并非如此。

有一天，摇篮中的小卡尔莫名其妙地大声哭喊起来。

正当妻子要去卡尔的房间看他的时候，我拉住她并问道："卡尔刚才吃东西了吗？"

"吃了呀！刚才喂过的。"妻子回答道。

"那他这几天生病了吗?"我问。

"没有呀!"妻子回答。

"是这样呀！那么就不要理他了。"我说。

"为什么? 卡尔在哭呢!"妻子奇怪地看着我。

"我想，既然他不饿也没有生病，他想哭那就是他自己的事，我们不要理会他。"我说。

"小孩子都要哭嘛! 我去哄哄他就没事了。"妻子说。

"那你知道小孩子既不饿也没有生病为什么还要哭吗?"我问。

"这个我怎么知道，小孩子都是这样的啊!"妻子说，"可能是他想我了吧!"

"当然，他肯定是想你了。"我向妻子解释，"但最根本的原因是由于他想提醒我们不要忽略了他。"

在我的劝说下，妻子最终没有像往常那样一听见孩子哭就连忙跑过去看他，不出我所料，没过多久，小卡尔就停止了啼哭。

过了一阵子，当我和妻子偷偷再去看他的时候，小卡尔正自己躺在摇篮中高兴地玩耍着呢。

我这样做的目的就是想让小卡尔知道啼哭和哀求是不能赢得别人的重视的，更重要的是，我们在得不到别人重视的时候也应该为自己找到快乐。

虽然小卡尔不可能在婴儿时期明白这个道理，但我想，他在成长的过程中一定能够感觉得到。

4. 让孩子的四肢和五官一同发展

孩子婴儿时期的一切能力，如果我们不利用与开发，那他们的能力就永远也不会得到发展。因此，我决定从训练他的五官（耳、口、目、鼻、皮肤）、刺激大脑发育开始。由于听觉、味觉、嗅觉、视觉、触觉，是人类感知外部世界的生理基础。这能充分刺激孩子的感觉器官，能够促进大脑的各部分积极活动。如果孩子大脑的各个功能区都能发挥出最大效能，那他就会成为一个聪明伶俐的人。

（1）安静是孩子听力的天敌。

我们首先要发展孩子的听力，由于婴儿的听力发展得比较早，所以训练听力时，母亲的悦耳歌声是极其重要的。在这方面我的儿子是很幸运的，他的母亲拥有很不错的嗓音。从他未出生的时候起，就经常听到他母亲唱的美妙动听的歌曲。我虽然不会唱歌，但我却经常给他朗诵诗歌。

（2）小摇篮最好色彩斑斓。

有效地训练眼睛，也是开发孩子智力的很重要一步。儿子出生两三个星期时，我为他摆放了一些五颜六色的布制小动物，我把它们都放在儿子四周，常常移动玩具来刺激他的视觉。我还会让儿子看三棱镜在墙壁上倒映出彩虹。儿子十分喜欢看，当他哭时，只要看见彩虹就不哭了。

（3）食物清淡让他味觉灵敏。

在味觉方面，我除了给儿子各种味道的刺激之外，还考虑到糖和盐吃多了对身体没好处，所以我们始终坚持清淡。这样既能够保持他的味觉灵敏度，又能够避免养成多吃盐和糖的坏习惯。

（4）孩子满月时即可让他翻身抬头。

儿子满月之后，在床上已经能够抬起头来了，我就用手推着他的脚丫，训练他开始爬行。父母一定要让孩子尽早学会爬行，因为爬行是最适合婴儿的活动姿势。婴儿爬时，其颈部肌肉发育快，头也抬得高，能够自由地看周围的东西，同时受到各种刺激的机会也增多了，这就能大大促使大脑发育，让孩子变得聪明。

（5）敏锐的观察力是灵感的源泉。

孩子的视觉发达起来以后，就要开始培养孩子的观察能力了。这有两个方法，一是通过多种多样的色彩来培养孩子的观察能力。我在卡尔房间的墙壁上挂了各种名画的摹本，还陈列大量著名雕刻的仿制品。我会抱着他给他念物体的名称，比如桌子、椅子等。儿子只注意画里面的颜色，渐渐地也懂得了画中的含义。

（6）让他从小就喜欢信手涂鸦。

在儿子智力的开启中，画的功能是极度重要的，能在善于绘画的父母的培养下成长的孩子是十分幸福的。我让儿子看很多有美丽图画的图书，并读给他听，他总是能安静地听着。虽然什么都不懂，但他已开始对画的颜色感兴趣了。此外，我还经常把和儿子谈话的内容绘成图画，用这种方法增长儿子的智慧。

（7）让孩子每天都散步走动。

卡尔一学会走路，我就经常带他出去散步，并让他注意天空和花朵的颜色、原野和树木的颜色、建筑物和人们服装的颜色，等等，这都是为了发展他对色彩的感觉。

还有就是为了让孩子专心注意某些事物，以便养成敏锐观察事物的习惯，我通过和儿子玩一个叫"留看"的游戏来达到这一点。每次路过商店的门前时，我就问儿子这个商店橱窗里陈列着什么物品，并让他列出物品。儿子能说出物品当然越多越好。如果儿子列出的物品没有他应该能记住的多，就要挨批评。

（8）孩子注意力不集中是因为无趣味。

鉴于婴儿的注意力不容易集中，我通过鲜活的物品教会了儿子各种形容词。在儿子出生后的第6周，我曾给他买了些红色气球，把气球用短绳扎到他的手腕子上，那只气球便随着他的手而上下摆动。以后，我又每周给他换不同颜色的气球。后来，我能轻易地教他绿的、红的、轻的、圆的等形容词。

（9）尽量多活动孩子的手。

每天当儿子醒来，小手张开的那一刻，我和妻子就赶紧让他抓点东西，平时也经常让儿子活动他的手指，或者让儿子抚摸东西和拍手掌。孩子是活物，自然要不断地激发他的能量。我只是为了不让他的潜力白白浪费掉，才这么努力地进行各种有效的引导。

5. 揭开儿子学习语言的奥秘

很多父母十分注重孩子的身体发育而且千方百计去开发，可当我提出要发展孩子的头脑时，他们却认为不可行。其实稍稍注意我们就能发现，婴儿对人类的噪音和响声十分敏感。这表明，早期开始教育孩子语言是确实可行的。

我主张从孩子出生后 15 天开始给他们灌输词汇，在孩子会辨别事物后就教他说话。

那时候，我们在卡尔面前伸出手指头，他看到就想捉住手指头。刚开始看不准总是捉不到，后来捉到了，他就会把手指放到嘴里，这时我就会用缓慢而又清晰地声调反复念读"手指、手指"。

就这样，我们时常拿很多东西给儿子看，还缓慢清晰地给他读东西的名称。没多久，儿子就能清楚地说出很多东西的名称。

只要儿子醒着，我们有时跟他说话，有时轻声给他唱歌。我会不厌其烦地重复着："红纸花、黄纸花……"

孩子能开口说话，那就证明孩子真正的学习已经开始了。这时，我们给孩子什么样的信息就成了最重要的事。

教授语言的 6 个诀窍：

（1）一定要让孩子发纯正的语音。

孩子刚学说话时发音一定不准，于是，教导孩子标准的发音便成了重要的环节。

发音时要注意跟孩子充分交流，我和他母亲发音时，都让孩子看着我们的脸，当然最好能够看清楚我们嘴的动作。教孩子发出纯正发音的时候一定要简洁明快，千万不要啰唆。比如教孩子发一个音 A，直接说就行了，在之前完全没必要说上一大段话，那样孩子会听不清楚，就容易读错。

（2）教育孩子发音从身边的实物开始。

我认为，从身边的实物开始是教会孩子学习说话和掌握词汇的最好方法。

在儿子长大一点以后，我们就抱着他教他饭桌上所有的餐具和食物、身体的每个部位、衣服的每个部分、房子的各处、室内的器具和物品、院子里的花草树木等所有能引起儿子注意的实物。总之看到什么就教什么，也教他形容词和动词等，让他的词汇渐渐丰富起来。

（3）讲故事是由单词到句子再到篇章升级的语言教育。

当儿子稍微能听懂话时，我们就天天给他讲故事。除了给儿子讲故事，我会选择一本好书，清晰而又缓慢地读给孩子听。还有，讲故事不能只让孩子被动地听，应该要让他复述。

经过不断的教育，在儿子到五六岁时就能毫不费劲地记住三万多个词汇。

（4）我反对教给孩子不完整的语句。

有些父母教孩子"丫丫"（脚）、"汪汪"（狗）之类的词汇，这些语言对孩子语言的发展有害无益。

正如雷马克所说的那样，一个东西如果很少使用，就难以评价它的作用，同样，如果不教给孩子他们本来能够学会的东西，那么，他们那种潜在能力就会得不到发展。世界上再也没有比这更悲惨的事了。

事实上，虽然对幼儿来说，单会说"汪"或"丫"等词汇相对要容易一些，但这也一样会给他们造成负担。对孩子的语言学习来说，完整规范的语言是他们迟早要学的，而他们始终要抛弃那些不标准的语言。因此，做父母的，绝不应当给孩子教一些不完整的话，以免浪费时间。

我从儿子出生之后开始，尽可能地对他说准确而漂亮的德语。在向他灌输语言时，我认为俗语也很重要。

（5）我力求孩子措辞严谨、语言生动。

为了让卡尔从小就学会标准的德语，我常常反复清晰地发音给儿子听，甚至到了不厌其烦的程度。只要儿子发音准确，我就摸着他的脑袋表扬他："说得好，说得好。"这样一来，尽管儿子很小，也激起了他拼命学标准发音的劲头。经过我们的执着坚持和不懈努力，儿子从小的发音就十分准确。

在词汇学习上，我的信条是：人要想有清楚的头脑，首先必须有明确的词汇。我只许儿子记忆标准的德语，因为只有记住标准读法，才能让他不费力气地读懂书本。

（6）家长要把握孩子学习语言的好时光。

在教儿子语言时，语法不重要，对孩子也没有很大的必要。因此，在儿子八岁前我并未专门教过他语法，而是通过听说来教。

孩子其实都喜欢说话，从小时候起，他们就常常一个人把学到的单词反复地说着玩。我利用孩子的兴趣，用精选的词句编成有趣的故事，让儿子记住。根据我的经验，在孩子的一生中，一至五岁是发挥孩子语言才能最好的时期了，父母千万要抓紧这个重要的时期对孩子的语言能力及时开发。

6. 尽早开发儿子的记忆力、想象力和创造力

一位科学家说过："一切智慧的根源在于记忆。"根据"用进废退"的原理，早期教育能够让记忆力发展的时间大大提高。至于想象力，不会想象的人是不懂得真正的幸福的，因为我们的幸福有一半以上靠的是想象。贝鲁泰斯曾说过："想象是人生的肉，若没有想象，人生只不过是一堆骸骨。"

一位科学家说过："一切智慧的根源在于记忆。"根据"用进废退"的原理，早期教育能够让孩子记忆力发展的时间大大提高。尤其在婴儿时期，每天对孩子重复输入相同的词汇，不断地刺激孩子大脑里的词汇库，能够促使孩子的记忆力迅速发展。

为了让儿子牢记神话和圣经中的每个故事，我常常把有关内容缩写在

纸牌上。后来在教他各国的历史时，也采用同样的方法。这一方面概括起来就是，开始用讲故事的方法教，而后用游戏的方式教。

在儿子一岁多之后，如果拿着某件物品全神贯注地玩耍，我们就会夸奖他。

儿子两岁时，他的母亲每天都会讲故事给他听。她会几天连着讲，不会一次性把故事讲完，每天讲到"且听下回分解"的地方就停，让儿子去想象下面的情节。

不会想象的人是没有真正的幸福的。因为我们的幸福大多都依靠想象。贝鲁泰斯曾说过："想象是人生的肉，若没有想象，人生只不过是一堆骸骨。"

如果一个人在小时候没有发展想象力，那么他先不说不能成为诗人、小说家、画家，肯定也当不了建筑家、科学家、数学家。

所以我的家中从不排斥仙女等神话人物，我还经常给儿子讲很多传说，让他知道仙女居住的世界是可爱的大自然。因此，他从小就非常热爱大自然。

第四章　教育孩子需要正确的渠道和方法

我教育儿子是为了让他开发智慧，敏锐地观察到身边的好事坏事，洞察出社会上的所有缺陷与矛盾。我们人类绝不能像亚当和夏娃一样，在不知自己裸露着身体时还过着快乐的生活。为此，我不能让孩子沦落为盲目乐观主义者。

经过从婴儿期就开始教育，卡尔显得比其他孩子更机灵和聪明，反应也更快。我认为他在智力上已经做好准备，所以我从他两岁就教他认字，但这绝对不是强迫。"不能强迫施教"，这是我主张的教育法里面的一大原则。

不管教导孩子什么知识，一定要先唤起孩子对那种知识的兴趣。因为只有当孩子对知识有兴趣，才会事半功倍。唤起孩子兴趣最好用游戏，这种方法的效果在对儿子的早期教育里已充分地展示出来。

同时，教育孩子学会多国语言有利于孩子正确思考和理解词义。在适当的时期教育孩子很重要，适用正确的渠道和方法教育孩子更加重要。

1. 让孩子轻松愉快地学习新知识

不管教导孩子什么知识，一定要先唤起孩子对那种知识的兴趣。因为只有当孩子对知识有兴趣，才会事半功倍。唤起孩子兴趣最好用游戏，这种方法的效果在对儿子的早期教育里已充分地展示出来。

我对儿子的教育几乎都是利用游戏进行的。为了唤起儿子识字的兴趣，我还施用了一些小孩子无法识破的"小伎俩"。我给儿子买来了很多儿童书和画册，有趣地讲给他听，用一些带鼓励的话来激发他的小心灵。

我先去了打字行，买来十公分见方的德语字母印刷体、罗马语和阿拉伯数字各十套，再把这些字都贴到十公分方形的小板上，以游戏的形式教学。先从元音教起，接着以"拼音游戏"的形式教儿子组字。具体教法是这样的：首先用画册让他看猫的画，同时教他猫这个词的拼法，然后指着墙壁上的词，反复发猫的声音给他听。接着从文字盒中选出组成这个单词的所有字母，用这些字母拼写出猫这个词。当然，这些游戏都是由我和儿子一起以游戏的方式进行的。在儿子学习时，我在边上给他表扬和鼓励，而且要学会这些单词也让他适度地、循序渐进地反复练习了好几天。

儿子很快就学会了读，他在没有学习所谓读法之前就掌握了读。而一掌握了读法，他就能掌握更多的词汇，再加上他学的是标准德语，所以他很容易就会读书了。

2. 如何教导儿子学外国语言

一般人都惧怕学习外语，站在他们的角度，也许学会六国语言需要花一辈子的时间和精力才有可能。小卡尔刚 8 岁的时候，在这么小的年纪，用这么短的时间就做到了，这里面有什么秘诀吗？其实没有所谓的秘诀，只有一些我在教授卡尔外语的时候总结出的实际的经验。

成功教育儿子认识语言和识字之后，我决定让儿子尽早巩固好学会一门外语的基础。在儿子学会德语之后，我又教他法语。因为教育方法正确，所以卡尔学会法语基本只花了一年。

之后卡尔又开始学习意大利语，半年很快就学会了。那时我觉得时机成熟可以教他拉丁语了。

那天我带卡尔去看莱比锡音乐会。在休息时间，他看着印着歌词的小册子说："爸爸，这是拉丁语。"我说："对的，那你想一下它的含义。"儿子从其他语言类推之后明白了大意便说："爸爸，我想早点学拉丁文。"

儿子学希腊语基本就是一个阅读巨著的过程。他学希腊语是从背诵常见单词开始的。我为他做了许多单词卡片，他从中学会许多常见的单词。

掌握单词，他马上读《伊索寓言》，接着又读《从军记》。

卡尔刚好 8 岁就学完这些语言，那时候他已经可以通读裴塔斯塔济、威吉尔、波鲁塔柯等文学家的作品了。

一般人都惧怕学习外语，站在他们的角度，也许学会六国语言需要花一辈子的时间和精力才有可能。小卡尔在 8 岁时用了这么短的时间就学会了以上种种语言，是有什么秘诀吗？其实没有所谓的秘诀，只有一些我在教授卡尔外语的时候总结的经验。

（1）用"耳"开始学外语。

拉丁语是基本功，要想研究语言就要钻研它。而且学会拉丁语之后，西班牙语和法语等就容易学会。但学生几乎都讨厌学习拉丁语。之所以这样是由于他们缺乏学习拉丁语的基础。

各位一定奇怪我怎么教导完全不懂事的婴儿学习语言的。道理很简单，让他听就好。由于婴儿善于用耳朵，所以我就利用听去教儿子拉丁语。每当儿子睡醒以后，我就清晰缓慢地对他朗诵《艾丽绮斯》，儿子十分喜欢，常常听着听着就睡着。有了好基础，儿子学习拉丁语时感到很轻松。

（2）联系比背诵的效果更好。

我从不系统地教授语法，因为就算教给孩子语法，孩子也不会懂的。孩子一定要用"与其背不如练"的方法。

教语言时，我总是为他朗诵诗歌，让儿子熟悉这种语言。掌握了一些基本的东西后，我就要求儿子自由运用。我还会要求他看书，因为任何语言的精华部分都在书里。让他遇上不懂的单词就去查辞典，后来他查辞典的次数越来越少，就表明他已经掌握那种语言。

此外，我建议儿子与其他国家的孩子书信来往，他给一个希腊孩子写信，不久后，从希腊来了回信，儿子对希腊越来越感兴趣，又读了许多有关书籍。接着他又和意大利、英国的孩子开始通信了。

（3）让孩子用不同的语言去读同一个故事。

孩子很多时候读过一次的小说不想再读，可卡尔却非常乐意不断重复听同一个故事。我发现这个现象后，便在教导孩子学习外国语时让他去读出同一个故事的不同语言版本。例如他读《安徒生童话》的时候，首先用德语读，接着又用拉丁语、英语、法语、意大利语等语言去读。我发现这个方法非常有效果，经过一段时间的训练，儿子就可以将各种语言做到融会贯通，学起来轻松又愉快。

（4）一定要孩子弄清词源。

我认为，弄清词源对学好外语是非常有益的。所以，我让儿子为了学习词源而准备好一个笔记本。比如我教授一个拉丁语的词汇时，会让卡尔去查看这个词汇衍生了哪些现代词，并记为笔记。经过这样的训练，他既学会了那个词汇，又记住了派生出来的现代词，可谓一举多得。

（5）学习语言最有效的办法是游戏。

我要再一次提醒父母们，孩子学习语言的能力是令人难以置信的，倘若我们用了正确的方法对其进行教育。其中，我认为最有效的就是通过各种游戏去教育孩子知识。

在儿子刚开始学会英语之后，我就用 13 国语言把"早安"这句话教他，儿子很快就学会了。每天起床之后，我让儿子代表不同国家的 13 个布偶，然后用各国的语言说"早安"。

3. 抓住儿子模仿的时机对其进行教育

其实父母应当在教育孩子时记载自己孩子的进步情况。这同时也可以让自己的后代在培育孩子时能够从中获益。由于孩子习惯性地模仿大人的行为，所以当儿子学习怎么用笔写字的时候，我便适时地教他写字。

当卡尔三岁多的时候，有一天，我在书房里工作，却突然感觉到房间里多了一个人的呼吸声。当我转过身一看，发现是卡尔。

我觉得好奇，卡尔平常习惯到处乱走，可从来不会进入我的房间，那时候他背对着我，自己趴在一张小凳上全神贯注地摆弄着什么。

我小心翼翼走到他的身后。

我居然发现他拿着小木棍在一张废纸上慢慢地描着"写字"两个字！

于是我便问他："卡尔，你想写字吗?"

"我很想啊!"卡尔回答道。

"那好，爸爸来教你。"我说道。

然后，我给了卡尔一支笔，开始教他怎么写自己的名字，起初，卡尔甚至不知道怎么握笔，更不能写好笔画。可经过我不断仔细地教导和鼓励，卡尔终于会歪斜地写出他的名字。

后来他觉得自己写得不错，就拿着笔和纸去找他的母亲。妻子看见以后很是吃惊。虽然卡尔写得不是很好，可他母亲还是热烈地赞扬了他：“我们的卡尔真了不起，居然会写字了。”卡尔听到赞扬精神就更好了，开始拼命地练习写字。

后来我给儿子钢笔去练字以维持他对写字的热情。由于用钢笔比用铅笔要困难得多，所以当我给儿子提供钢笔之后，我就开始头疼了，儿子弄得满手满脸都是墨水，有时还会打翻墨水瓶。

尽管这样，我还是让他继续学习用钢笔写字。

4. 如何培养儿子阅读和音乐方面的兴趣

孩子们都很喜欢听大人讲故事。同时，听故事能很好地丰富孩子的知识，还能引导孩子养成多看书的好习惯。我总是利用形象生动的语言给卡尔讲很多故事，同时用夸张的表情和各种绘声绘色的手势去更好地推动情节发展。

各位看到我这样教育儿子，一定认为卡尔的生活十分单调和无味。可是实际上刚好相反，卡尔的生活十分多姿多彩，因为我一直让他在学习任何知识的时候都获得乐趣。

我利用很多小技巧引导卡尔读书。孩子们都很喜欢听大人讲故事。同时，听故事能很好地丰富孩子的知识，还能引导孩子养成多看书的好习惯。我总是利用形象生动的语言给卡尔讲很多故事，同时夸张的表情和各种绘声绘色的手势去更好地推动情节发展。儿子听得多了更会跟着我讲故事的情节去手舞足蹈，可我通常会停在故事最有趣的地方，然后让儿子自己去阅读。

诗人歌德曾说过：“为了不失去神给予我们的对美的感觉，必须天天听点音乐，天天朗诵一点诗，天天看点画儿。”我们不需要让每个孩子都发展成为一个音乐家，实际上也没有可能，可是家长却应教会孩子欣赏音乐。

大多数孩子都喜欢节奏，所以我就从节奏开始。那时候卡尔还不会说话，我就在他面前拍手。后来，我教他按照节拍敲打小鼓。后来常常和他玩弹琴的游戏。我指出乐谱的音符，他就拨响琴弦。所以在不久之后，卡尔就可以用吉他弹奏很多简单的曲目了。

后来我更为卡尔请来一名音乐教师。

现在很多音乐教师在教孩子音乐时只教技巧，无论是钢琴还是小提琴，他们总是让孩子一味地像机器一样练习。我认为这样做是十分错误的，音乐是一种感觉，所以一定要有效地培养孩子善于发现那些神秘的音乐之美。

这位教师除了会演奏吉他外，还是一位杰出的小提琴演奏家。他利用特长让卡尔认识和区分旋律乐器与和声乐器之间的异同点，让卡尔从小就认识到不同乐器之间的差别，以及它们各自的优势和短处。

在这个学习又欣赏的过程中，卡尔毫不费力地学会了吉他和小提琴的演奏方法。

5. 如何唤起孩子的兴趣和让孩子提出问题

那一天，我给卡尔捉了只青虫。卡尔看见之后被吓哭了，认为青虫可怕又恶心。可是，在我讲清楚了青虫的生长规律之后，卡尔就开始不害怕了，他也知道色彩斑斓的蝴蝶正是由青虫破茧而来的。

尽管卡尔有着丰富的兴趣和多姿多彩的生活，可那些带有偏见的人们还是认为他的生活是除了每天坐在书桌前，其他什么都不干。甚至，他们以为卡尔除了书本知识外，还会点外语，其他就一概不懂了。

但实际情况刚好相反。了解卡尔的人都知道他安静坐着学习的时间比任何一个同龄的孩子都要少得多，他几乎把时间用在玩耍和运动上。

诸位一定想知道我是怎么能让孩子轻松愉快地学到如此丰富的知识

的。我的秘诀在于：首先唤起孩子对知识的热情和兴趣然后尽量让孩子对这些知识提出问题。

我们走在小路上时，我顺手拿起一朵野花，叫道："儿子，快过来看看这朵花。"我一边解剖这朵花，一边详细地给他说明："这是花瓣、花蕊、花萼。"我利用大自然的一切来对儿子进行教育，因为亲近大自然比学校的呆板课程有趣多了。

许多父母都为孩子的不良行为而烦恼。我认为，孩子之所以会有很多不良行为是因为他们的精力发泄不了。我建议把他们带到大自然中去，他们就没有时间干坏事了。孩子与大自然多接触能让他们身体更加强壮。

鉴此，我常常让儿子亲近大自然，让他在家里栽培花草。儿子很喜欢每天浇水、除草，观察生长情况。卡尔养过两只金丝雀还养过猫狗。养动物时，调食和喂水都要儿子得高度注意，这培养了他专注的精神，也培养了他的慈爱之心。

6. 我不会采用填鸭式的教育

拼命地给孩子灌输大量的抽象公式和原理，很可能会使他们失去感知功能，难以理解这些被硬灌的知识。这样教育孩子只会让他们觉得难受，同时又不会学到任何实际的知识，甚至乎导致他们成为呆头呆脑的知识接收器。

我教育卡尔时首先会唤起他对这门知识的强烈兴趣而不会对其进行死板的教育。

我在教卡尔学地理知识时用的就是兴趣法。我知道孩子没有基础的地理知识很难对地图概念进行理解。如果我从一开始就让儿子去啃白纸黑字的地理课本，我想他根本不会对地理产生兴趣。我认为，只有让儿子身临其境才能让他对地理有直观的认识。

所以我会带着儿子去附近散步，让他观察不同的地形，诸如河流、山川和平原等，后来我们还登上村里的高塔。站在塔上，对村里的景观一览无遗。回到家后，我要求儿子画出地理略图，等他画好，我们又会循着原路走一遍，一边核记道路、河流等。

在卡尔懂得如何绘制地图之后，我又开始让他接触天文学。我所认识的寒肯得罗夫伯爵是个很了不起的学者。伯爵纯粹由于仰慕卡尔的才华，才跟我们这一家有些接触。他接触卡尔后发现，卡尔的智力程度似乎已经远超过人们所估计的程度。伯爵爱才如命，经常带卡尔到他的家里去用望远镜教他天文学。

有一次，卡尔从伯爵家回来兴奋地对我说："爸爸，今天我看到流星雨了！"

见他那么兴奋，我说："流星雨一定很好看吧！"

卡尔兴奋地说："当然好看啦！有点像节日里的焰火，但比任何一种焰火都要壮丽。"

我说："是的，我以前也见过流星雨，那种美真是无法言说。"

然后，卡尔又向我描述了在天文望远镜里面看到的太阳、月亮以及许多恒星和行星，还为上帝创造的世界感到深深的叹服。

卡尔问我："为什么大自然是那么神奇美妙呢？"

我说："上帝是最伟大的缔造者，我们人类无论多么能干，在大自然的面前总是很渺小。"

卡尔说："那我一定要努力学习，然后去了解更多关于大自然的奥秘"。

7. 我保持与儿子的地位平等

孩子既不能受规矩的束缚，也不应该被权威压抑。因为如果孩子受到权威的压抑，他们的自我辨别能力就会白白枯萎。如果孩子缺乏辨别能力，那他永远不可能拥有首创精神。同时，孩子还会形成变态的心理暗示。

有人认为，幼儿只会玩耍，这就大错特错了。事实上，幼儿从两三岁开始就会表现究理精神。他们开始向大人提问，提出的问题千奇百怪而且越来越多。可是大多数父母对这些问题厌烦不已，很少给予孩子耐心的说明和解释。

　　这种态度是在扼杀孩子的探索精神。我们如果不在孩子萌发究理精神的时期为他们提供适当的对象，他们的精神就会丧失。还有一些父母，用高高在上的姿态去对待孩子，认为孩子成天只会胡乱瞎想。这种做法更是错上加错。

　　我教育儿子就是为了开发他的智慧，让他能够敏锐地观察社会的矛盾和缺陷。我们必须重视孩子的探索精神，积极回应他们的每一个问题。

　　孩子既不能受规矩的束缚，也不应该被权威压抑。因为如果孩子受到权威的压抑，他们的自我辨别能力就会白白枯萎。如果孩子缺乏辨别能力，那他永远不可能拥有首创精神。同时，孩子还会形成变态的心理暗示。

　　要知道，父母是人而不是神。父母们经常在回答不上孩子提出的问题时随便给出错误的答案，甚至呵斥孩子来维护自己的面子。我从不这样做。

　　我会认真回答儿子的任何一个问题，不懂的话，会和孩子一起去查阅书本，找出正确的答案。我从不认为我比儿子知道的知识多，我就是孩子面前的权威。在我这样正确的鼓励下，儿子的问题果然源源不绝。

　　等到儿子慢慢长大，知道的知识也更多一点，当他再向我提问题的时候，我会让他先思考问题，然后尽力自己查找正确答案。如果我的答案和儿子的不同，我从来不会一口否定，而会和他细心分析。

　　教育儿子的时候，我始终坚持和儿子保持平等的地位，发展儿子的究理精神。

8. 罗森布鲁姆教授的数学教导方法

你的儿子对数学不感兴趣是因为你的教育方法不对。由于你不能有趣味地教数学，所以他也就无兴趣去学它。你自己喜好的知识就能通过有趣的方式教给孩子，所以卡尔就对这些知识学习得很好。可是由于你本来就不喜欢数学，导致不能有兴趣地教，你儿子也就厌恶它。

卡尔在一开始显得不喜欢数学这门学科。虽然我早就利用游戏教会他数数和数钱，我在教他背诵乘法口诀的时候却发现，孩子十分讨厌死记硬背。那段时间，我十分苦恼孩子不喜欢数学。

后来，罗森布鲁姆教授解开了我的苦恼。罗森布鲁姆教授是一位高明的数学教授。他听了我的担心后，便一语道破："你的儿子对数学不感兴趣是因为你的教育方法不对。由于你不能有趣味地教数学，所以他也就无兴趣去学它。你自己喜好的知识就能通过有趣的方式教给孩子，所以卡尔就对这些知识学习得很好。可是由于你本来就不喜欢数学，导致不能有兴趣地教，你儿子也就厌恶它。"

接着罗森布鲁姆教授建议我用如下的方法教授孩子。例如玩掷骰子的游戏：我们最初是用两个骰子玩，把两个骰子抛出看看得出的和，如果是3和4两个数字，就把3和4加起来等于7。如果是2和4、3和3的组合，那结果就得6分。

在卡尔享受到来自数学游戏的乐趣以后，他学习数学的劲儿就大了，我坚持每次游戏不会超过一刻钟，然后同一种方式进行一到两周，后来我们把骰子改为三个和四个、最后甚至达到了六个。

就这样，在不久之后，儿子渐渐对数学产生强烈的兴趣。一旦孩子有了兴趣，学习数学的时候就显得十分轻松，从算术到代数几何的知识都学习得很好。到后来，儿子简直爱上了数学。

9. 孩子再怎么用功也不会损害神经

我认为用功程度不会影响幼儿的神经，而是看他们是否有兴趣。对于米斯卡维诺的儿子来说，学习是压力和职责。可是卡尔却认为学习就是玩有趣的游戏，所以怎么勤奋和用功也不会累，而是越来越有兴趣学习，所以，两者的区别立见高下。

一些卫道士们认为我的教育观念会摧残幼儿的神经，这是诽谤。我认为，旧式教育才有害于幼儿的精神。

人们大多数会认为人过度用功会损害自身的神经和精神，可是以我多年的经验却发现只要孩子对学习有兴趣，他如何勤奋和用功都不会对神经产生危害。今天实行的强制性教育才真正有害于幼儿的神经。

当今的教育现状实在有些糟糕，放弃对孩子的早期教育，却在孩子的究理精神失去之后，才乱七八糟地给他们灌输死板的课本知识。这种不合理的教育让孩子厌恶学习，这样的教育才是损害幼儿神经的罪魁祸首。

米斯卡维诺曾经大力反对我的教育理念。下面，我来简略讲述这位教师的教育方法，他为了把儿子教育成天才可以说不惜一切。

一次，我有机会来到他儿子的书房参观，那时候，我为书房中的现象十分惊叹。

"怎么样，我的儿子很不错吧！"他得意扬扬地说。

当然不错。那个孩子坐在高高的书本覆盖的书桌前，那可怜兮兮的小样子我至今难忘。他每天学习 10 个小时，可是他还不到 5 岁。

"我的孩子可以说从懂事起就几乎没有出过书房。"米斯卡维诺自豪地说。

其实，他不说我也知道，因为这孩子眼神显得空洞而迷茫，而且脸色苍白。

我想，任何一个有理智的人都会马上认识到这孩子的某些方面已经受到严重的损害。我认为用功程度不会影响幼儿的神经，而是看他们是否有兴趣。对于米斯卡维诺的儿子来说，学习是压力和职责。可是卡尔却认为学习就是玩有趣的游戏，所以怎么勤奋和用功也不会累，而是越来越有兴趣学习，所以，两者的区别立见高下。

10. 在对儿子的教育上，我一直深信"实践出真知"

为了让儿子接触更多的人事，卡尔两岁以后，无论是参加任何室外活动我都会带着他，让他从小就与身份各异的人交往和谈话。这样做的结果是，儿子后来具备很好的社交能力，儿子从不怯场发展到越是人多的场合就表现得越好，我想就是因为这个原因。

我认为，一个只拘泥于书本的人思想狭隘，不会成为真正的学者。一个书呆子在这个世界上是不会有任何作为的。

有一次，卡尔对"两个铁球同时落地"的故事很感兴趣，便来对我提出疑问。卡尔觉得什么事都要亲身体验一下才能得到真正的认识。

于是，我带着卡尔来到教室顶楼为他亲自进行这个实验。人们都说我太宠孩子，但我没有理会，还是坚持和卡尔一起做了这个实验。

为了让儿子接触更多人事，卡尔两岁以后，无论是参加任何室外活动我都会带着他，让他从小就与身份各异的人交往和谈话。这样做的结果是，儿子后来具备很好的社交能力，儿子从不怯场发展到越是人多的场合就表现得越好，我想就是因为这个原因。

后来卡尔成名后常常与贵族、王公大臣打交道，他都表现得十分得体。

只要有空，我就会带儿子去参观动物园和博物馆等，以开阔他的眼界，增广他的见闻。在参观前，儿子首先会阅读大量有关的书籍，然后通过他的眼睛直接接触这些事物，从而获得了大量知识。在这时，卡尔的思维总是转得特别快，他的心里也充满着各种各样的疑问。面对儿子源源不断的问题，我会尽力深入浅出地解释说明，绝不随便敷衍。我知道，这样教授知识最有效。

儿子三岁以后，我开始领着他到各方周游。儿子五岁时已经在我的陪伴下，几乎周游过德国所有地方。六岁时，儿子已经成为洛赫附近见识最多的孩子。

当然了，有人说我这样做不值得，说那些钱还不如用来给孩子买书；还有人说如果我不是这样不加节制地花钱，就不会弄到后来连卡尔上大学的费用也负担不起。虽然我经济条件薄弱，出去旅游一次我们全家人都得省吃俭用，旅行时也只能住条件最差的旅馆，但我认为这一切都是值得的，我从不后悔。

在教育儿子的时候，我一直深信"百闻不如一见"。正所谓，读万卷书不如行万里路，大自然能教给我们的知识，永远都比书本教给我们的更多、更丰富、更生动。

11. 让儿子玩出各种能力

正如我们所知，注意力是伴随知觉、记忆、想象等存在的心理特征。注意力是集中或者分散，对孩子智力发展的影响十分大。一个注意力不集中的孩子是不能够获得大的成就的。所以我十分着重培养儿子的注意力。

我发现，孩子的注意力会被多彩有趣的东西吸引，而往往无法在枯燥乏味的话里集中注意力。游戏对于孩子十分重要，只要是有趣味的游戏，孩子都乐此不疲。通过对儿子的教育，我发现游戏不仅仅能给孩子带来娱乐，更重要的是我能够在玩之中逐步开发孩子的智力。

儿子的观察力、注意力、记忆力、想象力、操作能力都可以通过游戏培养出来。智力游戏就是这种玩的重要方式。

教育卡尔的时候，我将知识融入他的游戏之中。通过这些游戏去教授和巩固他需要学习的知识，孩子在轻松的过程中学习知识自然会对这些事物有更加深刻的认识和了解。

为了培养卡尔的观察力，我常常和他玩一种游戏。过程中，我让卡尔尽力记住桌子上或盘子里放的东西，让他闭眼，悄悄拿走或加上一件物品，再让他睁开眼，然后找出哪里发生了什么变化。

有一次，我开了个小玩笑，他闭眼后我没有拿走或者取走任何一件物品，而是调换了物品的位置。卡尔睁开眼之后，觉着面前的物品的确有变化，然而又不知我增加或减少了什么。

在他没有办法之际，我告诉他物品的数量没有变化，只是调换了位置。儿子听了之后很生气，说我不遵守游戏规则。我解释道，这个游戏就是让他培养敏锐的观察力，既然他不能正确判断，他就算输了，因为他的观察力不够好。

后来，卡尔开始聪明了，他不仅像从前那样记住物品的外观，还会留意物品的数量。

通过这样的训练，他的观察力越渐敏锐了。后来，卡尔甚至有一种特殊的能力就是对任何物体的数量都很敏感。随意看一眼在天空的一群小鸟，也能准确说出数量。

我在利用这些智力游戏训练儿子时，从不急于求成。如果孩子在游戏中表现得好，我就及时增加难度。如果他表现得不太好，我会帮助和关心他，激发他的兴趣，让孩子从成功的欢乐之中越渐自信，不断进步。

在开发孩子智力的游戏中，父母应该根据孩子的年龄和实际水平，更好地选择和编制这种游戏。游戏的内容不能太难或太易，否则不会发挥正面作用。

在与儿子进行游戏之前，我先用简洁、生动的语言向他介绍，有时还会示范或演示，以便帮助他玩好游戏。我认为，在培养孩子的智力和心理发展之时，观察力十分重要，孩子观察力的好坏，直接影响他们的智能发展。

在游戏之中，我还会去培养儿子的记忆力。记忆在孩子心理发展过程中十分重要。孩子一般会用记忆感知过去，然后留下印记。记忆速度、准确性、持久性、灵活性是孩子记忆力的主要差异。记忆对于孩子的个性、情感和意志等都有重要意义。

我细心地为儿子提供很多丰富的游戏材料。我发现那些直观和生动的形象会唤起他对过去感知过而如今不在眼前的事物，经过不断的重复，他就能记忆得十分完整和准确了。我时常用语言描述实物或行为来训练他的记忆，在孩子的头脑中，形象与语言的关系是十分密切的。

在游戏之中，我不仅注意培养他的观察力、注意力和记忆力，更会着重培养他的想象力和创造力。

在生活中，很多事物都会让孩子们感兴趣。在搭房子时，孩子手脑并用训练了手眼和肌肉，大大增强实践能力。因为在孩子着手之前，他们脑子里先要有个形象，所以这种游戏使孩子发展了形象思维能力。

每当卡尔搭房子时，我都会引导他对搭建的房子进行充分的构想。有时我还会利用现有的模型和图画去加深他脑海中的形象。这就开发了他的形象思维能力。

孩子的种种思维能力应该从小培养。有人认为创造力这类的能力只在孩子长大后才会具有，这完全是个谬论。

第五章　如何培养儿子对事物的辨别能力

　　人们总是认为孩子学习知识是最重要的，以为只要孩子具备了各种知识，教育问题就解决了。我认为这种观点比较肤浅，至少不全面。

　　在我们身边有许多所谓的乐观主义者，他们认为今天的社会是一个完善而理想的社会。当然，现在我们暂时还没有忍受饥饿，也可以带着孩子在周末到阳光下的野外去野餐，享受美好的生活。然而，现实中还存在很多让我们无法回避的实际问题，孩子对这些也需要一个深刻的认识。

　　我想大多数人都同意尽力帮助别人是天大的美德。可是，哪些人才真正需要我们的帮助？这恐怕是一个不易回答的问题。

　　我认为让孩子尽早认识到生的实质和保持孩子纯净的心灵同样重要，据我所知，很少父母会教导孩子何为真"善"何为"恶"。上帝是最公平的，他知道应该对谁施展仁善。然而，我们当中很多人至今没有弄清何为真正的仁慈和善。

1. 希望孩子看清周围的一切事物

在我看来，一个孩子即使掌握了大量知识，如果没有在这个过程中学习到一种特别的能力，那么这些知识也是无用的。我认为假如孩子没有辨别能力，无论他如何用功，无论他阅读书籍的数量有多少，也只能算是一个存放知识的机器。

人们总是认为孩子学习知识是最重要的，以为只要孩子具备了各种知识，教育问题就解决了。我认为这种观点比较肤浅，至少不全面。

在我看来，一个孩子即使掌握了大量知识，如果没有在这个过程中学习到一种特别的能力，那么这些知识也是无用的。这种能力就是对事物的一种辨别能力。

我有一位相识多年的朋友，他是一位历史教授。然而，根据我的观察，这位为世人所赞颂的历史学家不是真正懂得历史。因为他只能对史实死记硬背和随口道出任何历史事物的年份，对历史真正的意思却不明白，就是欠缺对历史的自我判断和反思。

成为这样的历史学专家有何用呢？他的个人价值以及他所掌握的价值又在哪里？

记得儿子四五岁时，我热情地把一位主教邀请到家里做客。或许主教的言谈举止比我更合乎礼仪，所以主教一来小卡尔就对他很有好感，并且十分崇拜地向主教请教问题。当然，主教也很和善地和他交谈。

晚上，我亲自带主教来到铺设好的客房，让他在我家住下。

或许他觉得房间欠佳，于是微微地皱眉头，接着道："这里不错，不过我还是更愿意回城里到市长那儿去住。"说着，主教便向门外走去。

接着小卡尔也出言留住主教，可主教道谢了两句就离开了。

我说："可能主教觉得房子太过简陋了吧！"

小卡尔说："您不是说牧师都不在乎外在物质条件的吗？"

我笑着道："并不是每一个牧师都跟你父亲一样不在乎物质条件，我和他是同行却不同道。"

卡尔似乎不明白这样的道理，只是懵懂地看着我。

我接着解释道："世界上有的人邪恶，有的人善良。我们要注意这些无时无刻都出现在我们身边的人，明辨是非。"

卡尔点了点头，虽然我知道他还不是很懂，可我觉得自己已经在他幼小的心灵之中播上了明辨是非的种子。

2. 让孩子知道阳光之下必然有阴影

这个世界上有许多事跟它的表面都不是一样的。有的人看上去很漂亮，行为也很和蔼，可是这些不能表示他一定是个品格很好的人。有的人却天生粗犷，可能有时表现得很粗鲁，但或许他才是好人。人是非常复杂的，你应该慢慢学会辨别好人和坏人。

在我们身边有许多所谓的乐观主义者，他们认为今天的社会是一个完善而理想的社会。当然，现在我们暂时还没有忍受饥饿，也可以带着孩子在周末到阳光下的野外去野餐，享受美好的生活。然而，现实中还存在很多让我们无法回避的实际问题，孩子对这些也需要一个深刻的认识。

"只要真正看看世上的痛苦和悲惨，谁都会感到寒心的。"这是叔本华的一句名言。

我知道会有人指责说我宣传厌世主义。不，首先我不赞成厌世，其次我只是想让孩子知道这世界上美丽阳光的背后总有丑陋的阴影，我要让卡尔学会如何正确对待阴暗的一面。

有一次天气很好，我们去邻近的纽曼河边进行野餐，我们和伍德里莱一家步行了半个多小时后来到河边。经过简单布置，我们在临时餐桌上坐好。

那时候，一个矮胖的中年男人朝我们走过来，他边走边向我们打招呼。卡尔见罢立刻起身让座。

可是在座的人都知道米斯泰勒是那种令人厌恶的人。

米斯泰勒见卡尔给他让座笑着说："谢谢。"然而就在那时，伍德里莱先生却叫喊道："走开，你这个讨厌的人。"

伍德里莱先生说的话把所有的人都吓到了，小卡尔简直愣在了那儿。

这时，米斯泰勒却保持笑脸道，"我只是想坐坐而已，干吗那么没礼貌。"他一边说一边离开朝另一群人走去。

但是我发现卡尔心里有些不舒服，他一直瞪着伍德里莱先生。

我问道："卡尔，你觉得伍德里莱先生做得不对？"

卡尔说："当然啦！他为什么对客人态度这么不友好？"

伍德里莱先生却说："他根本不算客人，我最讨厌这种人了。"

然后，我对卡尔讲了一些有关米斯泰勒的习性：他是个游手好闲整天无所事事的懒人，混吃混喝不止，还向许多人借钱不还钱。

我讲完之后，卡尔半信半疑道："可是那位先生看起来不像坏人呀！"

这时，我便耐心讲了很多道理："这个世界上有许多事跟它的表面都不是一样的。有的人看上去很漂亮，行为也很和蔼，可是这些不能表示他一定是个品格很好的人。有的人却天生粗犷，可能有时表现得很粗鲁，但或许他才是好人。人是非常复杂的，你应该慢慢学会辨别好人和坏人。"

卡尔不解地问："爸爸，可是您不是说世界上好人比较多吗？"

我笑着说："当然，但是阳光之下也一定会有阴影。"

3. 光有颗善良的心还不够

当然，帮助别人是对的。但是要记住，帮助别人有很多种方式，不一定要借钱给他，何况实际上我们是在帮助那些不值得帮助的人。另外，我们要清楚地认识身边的人，了解他们对自己的用意，等你长大后就会有更加深刻的体会。

我想大多数人都同意尽力帮助别人是天大的美德。可是，哪些人才真正需要我们的帮助？这恐怕是一个不易回答的问题。

卡尔是个善良的孩子。他既理解我的工作，还体贴母亲为他付出的苦心。他也倍加关心家里的佣人，经常帮佣人做很多他力所能及的事。

有一天，我偶然发现儿子的零用钱突然少了很多。卡尔平常很节约，总是将零用钱积攒起来购买他喜爱的学习用具。因为用钱的机会很少，所以他会积攒一笔为数不少的钱。然而这一次，他的钱一下子却不翼而飞。

这一定有他的原因，所以在一个合适的时候我问他："你最近去买了新文具吗？"

"没有。"卡尔回答道。

我很了解卡尔不会撒谎，虽然有时他会很调皮，但他从来不会对人撒谎。尽管卡尔没有给我合理的解释，我也没有继续问下去，因为孩子也应该有自由支配自己金钱的权力。

后来卡尔主动把事情告诉我。原来，卡尔将零花钱借给了柯兰迪。柯兰迪是农夫的儿子，比卡尔大三岁。卡尔说，柯兰迪家经常为生活费发愁。

卡尔去接济有困难的人本应是一件好事，可这件事并不是表面上那么简单。

据我所知，柯兰迪的父亲是个酗酒的懒汉，柯兰迪也是一个贪玩和不思上进的孩子。

我从卡尔的话中了解到，柯兰迪借了他的钱后既没有帮助家里，也没有为自己买学习用具，而是用来赌博，他给卡尔许下了诺言：等有一天赢钱后加倍还给你。

　　起初，年幼的卡尔不太愿意接受我的忠告，说道："就算柯兰迪赌钱也是有苦衷呀！他向我发过誓，赢钱之后一定会帮弟妹买文具。虽然赌博不好，但柯兰迪也是没有办法才会这样做的。"

　　对卡尔这种错误的想法，我耐心跟他讲道理："第一，赌博是极其糟糕的事，你借钱给柯兰迪就是促使他赌博。第二，你永远别认为他真的还钱给你，因为他永远不会赢钱。第三，借钱去赌博的人完全不值得我们帮助，企图靠这种小把戏过活的人是无可救药的。"

　　卡尔问道："可是，您不是常说做人要帮助别人吗?"

　　我说："当然，帮助别人是对的。但是要记住，帮助别人有很多种方式，不一定要借钱给他，何况实际上我们是在帮助那些不值得帮助的人。另外，我们要清楚地认识身边的人，了解他们对自己的用意，等你长大后就会有更加深刻的体会。"

　　虽然卡尔当时还不能完全明白这些为人处世的道理，但在多年以后，在卡尔有了更丰富的生活阅历后，他就完全理解了我当初的话。

　　或许有人会认为我向孩子讲述这些为人处世的道理会损害他们幼小纯洁的心灵，其实不然，我认为让孩子从小明白事理比让他成为一个"白痴"似的好人要好得多。

4. 不让儿子沉醉在虚假的幻觉之中

　　我们都知道，小孩子都喜欢那些看上去很和蔼可亲的人。殊不知，那些欺骗孩子甚至拐卖孩子的人几乎表面上都是这种所谓的"好人"。当然，给孩子讲现实的道理可能有时比较残酷，因为单纯的孩子根本无法理解。

很多人不愿意教孩子去正视社会上的坏事，反而教育他们视而不见。在我看来，这对于孩子来说完全是一种欺骗，它直接导致孩子麻木在虚假的现象中。

这种做法只能让孩子变得迟钝麻木、自欺欺人。我想，这才是真正的残酷。

我们都知道，小孩子都喜欢那些看上去很和蔼可亲的人。殊不知，那些欺骗孩子甚至拐卖孩子的人几乎表面上都是这种所谓的"好人"。

当然，给孩子讲现实的道理可能有时比较残酷，因为单纯的孩子根本无法理解。他们不明白为什么看上去挺"好"的人实际上是坏人。

但无论如何，让孩子了解事物的真相是每个阶段都迫在眉睫的事，也是所有的父母以及从事教育的人必须尽到的责任。

有一天，我和卡尔去集市购买生活用品，当我们买完东西离开时，卡尔突然被几个年轻人吸引住了。

"爸爸，你看那几个绅士很有风度呀！"卡尔对我说。

我看了一眼问卡尔："你为什么觉得他们有风度呢?"

"因为他们穿着整洁又华丽，还戴着礼帽呢！看上去完全就是绅士。"卡尔赞叹道。

人们常说小孩子单纯，之所以说他们单纯，就是因为他们往往只从表面上看问题，这丝毫不假。小卡尔此时就被那几个年轻人的外表迷惑了。

实际上，那几个年轻人根本就不是有教养的绅士，只是几个常常在集市里厮混的游手好闲者罢了。

一般来说，大多数父母遇着这样的事情通常就含糊地向孩子解释一下，要不根本不当一回事。

然而，我觉得有必要让卡尔好好了解这件事。我想借此让卡尔以后对身边的人和事都可以进行比较清醒的认识。

我对卡尔说："这样吧，那咱们跟着他们一起走，看看他们到底是不是真正的绅士。"

说完，我示意他不要表现出我们在跟踪别人的样子。

没过多久，那几个"漂亮的绅士"便露出了丑陋的面目：他们边走边趁别人不注意时悄悄偷走摆在货摊上的东西，有时是一只苹果，有时是盒肥皂。

　　见到他们的行为后，卡尔小声对我说："爸爸，他们在偷东西。"

　　我笑着说："现在，你该知道他们到底是怎样的人了吧！"

　　卡尔不解地问："他们看上去都很有钱，为什么要做这些坏事呢？"

　　我说："所以我们要清楚地认识别人。你要记住，在很多时候，你亲眼所见不一定是真实的，你一定要用脑子去判断和分辨身边的一切事物。"

　　卡尔有些难受地摇了摇头疑问道："人为什么这么复杂呢？"

　　我知道，让孩子这样了解世事丑陋的真相确实有些残酷，但我还是认为这样做很有必要，因为这对孩子的将来有太多好处。

第六章 我给儿子培养另一种智慧

时下流行的教育理念是：我们要把孩子培养得老实和循规蹈矩，因为这样在孩子长大之后才会本分地遵守社会规范，虽然这种观点乍听起来令人很满意，但我并不这么认为。

我认为让孩子变得聪明比让他老实更重要。事实上，老实而且循规蹈矩的人不一定可以融入社会，也不太可能和社会规范相协调。

有些父母告诉孩子世界上一切事物都是美好的并让他们全信这些美好。这种说法看上去似乎很迷人，很多人也认为这样的教育方法有益于孩子的身心健康成长。然而，事实并非如此。现在许多人过分强调保存孩子纯洁的心灵而忽视对他们进行必要的社会教育，这其实是对社会教育的一种偏见。我认为，让孩子尽早地了解社会，尽可能了解社会中的人，这与孩子其他方面的教育同等重要。

同时，我们也要让孩子知道鼓励和表扬的重要性，一般来说，得到他人的承认和鼓励有时会成为一个人把事做好的动力。在儿子成长时，我时常表扬他，就是为了让他能更好地学习或做他应该做的事。所以，我也常常教导儿子应当学会怎样鼓励和表扬别人以便能得到他人更多方面的帮助。

1. 不能轻信任何人

听我这样说，卡尔转过头来一脸茫然地看着我。于是，我便继续向他解释："当然，爸爸是你可以信赖的人。但当你长大后会发现有许多平时看上去对你非常好的人并不一定会时常关心你、帮助你，就像刚才爸爸对你的那样。"

时下多数人相信的教育理念是：我们要把孩子培养得老实和循规蹈矩，他们希望孩子长大之后可以本分地遵守社会规范，虽然这种观点乍听起来令人很满意，但我并不这么认为。

我认为让孩子变得聪明比让他老实更重要。事实上，老实而且循规蹈矩的人不一定可以融入社会，也不太可能和社会规范相协调。

有些父母告诉孩子世界上一切事物都是美好的并让他们全信这些美好。这种说法看上去似乎很迷人，很多人也认为这样的教育方法有益于孩子的身心健康成长。然而，事实并非如此。

如果让孩子从小完全相信身边的所有事情，会让他失去分辨力，这样的人在社会中永远不会成功。

轻信只会让孩子将来变得愚蠢和无能，这个观点我深信不疑。

有一次，因为工作繁忙，我离家一个星期到别的地方去了，可能是我很少离开家里的原因吧，卡尔非常想念我。看见我回到家，卡尔兴奋极了。我的马车差不多到家门口，卡尔已经跑出门口等我了。

我从马车上走下来，卡尔就向我跑来，兴奋地跳起来想扑在我的怀里。然而，我没有像平常那样将他抱起，反而故意闪开了。卡尔意想不到地扑了个空，整个人重重地摔在了地上。

卡尔没有哭，他慢慢从地上爬起来疑惑地看着我。那时候他很不明白一向爱他的父亲为什么会这样做。

见我这样"无情",妻子不高兴地责怪道:"卡尔很挂念你,为什么你一回家就这样冷漠地对他?"

我没有回答,只是微微一笑。卡尔狠狠地瞪了我一眼,然后转身就跑。

这时,我叫住他:"等一等卡尔。"

卡尔头也不回站在原地,似乎在等我的解释。

我说:"爸爸是在和你开玩笑,是想让你明白一个重要的道理。"

卡尔生气地说:"开玩笑?这里面有什么道理?"

我说:"我想让你明白,不要轻信身边的任何人,哪怕是你的父亲。"

听我说完,卡尔转头一脸茫然地看着我。我继续解释道:"当然,爸爸是你可以信赖的人。但当你长大后会发现有许多平时看上去对你非常好的人并不一定会时常关心你、帮助你,就像刚才爸爸对你的那样。"

虽然当时卡尔没有完全理解我说的话,可这件事给他留下了深刻的印象。

这个道理在卡尔长大之后帮了他不少忙,否则,他无法做到如今一样各方面都那么优秀。

2. 有利于孩子未来的一种智慧

有许多父母片面强调要求孩子说实话和坚持真理,殊不知,当我们在这个社会上生活的时候,很多时候就算坚持真理也需要我们有灵活的头脑。我想,明白这个道理会对孩子将来的人生有很大的益处。

里德因奇是洛赫村的一位颇有学识的先生,他很有名望。因为他不仅饱读诗书懂得很多道理而且精通艺术,可以称得上是才华非凡的隐士。

里德因奇先生性格非常开朗,言行时刻在透露着他的才华。他很喜欢给小孩子讲故事,而且乐于帮助孩子们解决各种问题。

有一次，里德因奇先生来我家做客，小卡尔知道之后兴奋极了，因为他知道先生一定会讲很多有趣的故事。

等我们吃过晚饭后，卡尔又去约了邻居家的几个孩子。孩子们就坐在我们的餐桌旁，静静地围绕着里德因奇先生。

准备了一番之后，里德因奇先生从历史的知识说到地理，又从地理学转移到天文学，后来，又谈论近段时间发生在世界各地的事，最后他把话题转移到艺术上。

里德因奇先生的才学令人佩服，他的演讲实在太有趣了，不仅是那些求知欲很强的孩子们，就连我听得也十分入迷。

可是，后来当他说到音乐时犯了一个小小的错误。

他说："德国有许多伟大的音乐家，音乐领域每一方面我们都有大师级的人物。例如巴赫、贝多芬、莫扎特，还有帕格尼尼，他们都是伟大的人。"

只要稍有常识的人都会知道，帕格尼尼其实是意大利人，然而知识渊博的里德因奇却说错了。

当时我发现了这个错误但没有立刻指出。我认为先生说了这么多，其中说错一两句是无关紧要的。况且，以先生的学识不可能会犯这个错误，我想只不过是一时口误罢了。

然而，卡尔却没有像我这么善解人意，他选择立刻将错误指了出来。

"里德因奇先生，我知道帕格尼尼是意大利人，不是德国人。"卡尔大声说道。

听卡尔说完，里德因奇先生的脸色一下就变了，霎时显得既尴尬又气恼。

我连忙示意卡尔不要再说下去。很遗憾，孩子没有注意到我的暗示而且继续发表他的意见："帕格尼尼是个伟大的音乐家。可他的确是意大利人，而不是德国人啊，一听他的名字大家都会明白。"

卡尔说得完全正确，然而这种做法有些太过直接了。

此时，里德因奇先生愤怒地站了起来，狠狠地看了卡尔一眼说："哦，原来我在这里滔滔不绝是多余的。"

说着，里德因奇朝门外走去。我本想劝阻他，但根本劝不住他，因为里德因奇的脾气很古怪。

事后，卡尔问我："爸爸，难道我说错了吗？"

我说："你没有错，但是你的做法欠妥当。你这样当众指出别人的错误，人家会很丢脸，你刚才没有看见先生羞愧得满脸通红吗？"

卡尔不解地说："可是他真的说错了啊，我又没有嘲笑他，我只是说出了一个事实。"

我对卡尔说："但是先生是个很自傲的人，他肯定会认为自己当众出丑。"

卡尔听见却不服气地说："难道为了他的面子我坚持真理就不对吗？"

我向他解释道："坚持真理是一件好事，但你应该注意表达的方法。倘若你私下给先生指出错误，我想他不仅不会恼怒，说不定还会很感谢你呢！"

卡尔问："为什么？"

我回答道："因为你既顾全了他的面子又维护了真理。你要知道，很多时候就算坚持真理也要有智慧的。"

有许多父母片面强调要求孩子说实话和坚持真理，殊不知，当我们在这个社会上生活的时候，很多时候就算坚持真理也需要我们有灵活的头脑。我想，明白这个道理会对孩子将来的人生有很大的益处。

3. 不要隐藏你的感激之情

当然，让小孩子明白这些道理是非常困难的，但我仍然继续一步步地引导他，这件事的责任完全在我身上，因为我没有顾及他人的感受，就像如今这样。人的心理是非常复杂的，如果你不能很好地处理这些复杂的关系，那么在不远的将来会处处碰壁。

身为牧师的我平日里不拘小节，也许正因为这种不随大溜的个性让我过不上富裕的生活。我想几乎每一个人都希望过上富足的生活，许多人都因为各种原因推动了某些让生活越加美好的机会。可尽管我通过努力在生活中赢得了很多人的尊重，但其实我的生活里仍然有一些不如人意。

既然事在人为，我就想着让自己的儿子掌握更多的机会，让他在未来的生活得到更丰富的东西。所以，我一开始便立志要让卡尔拥有一个尽量没有太多遗憾的人生。

不随大溜有时候是一种值得赞赏的品格，但有时候却会成为一个人立足社会的障碍。对此，我有很深的体会。

在我年轻时，我十分地不拘小节，对人们之间习惯的那些习俗礼节从来都不重视，认为只要自己好好做人便会取得别人的尊敬，也能够取得应有的成就。

然而，事实并非如此。

在我青年时，曾经有一位伯爵十分欣赏我的才华，他给予我很大的帮助。当然，我对于伯爵的帮助非常感激，可是我这种感激之情深深地埋藏在心中，而从来没有向伯爵表达过。因为当时我认为感激之情是不用常常挂在嘴边的。然而，后来的我为自己这种不拘小节的性格付出了很大的代价。

起初，伯爵也没有在意我的做法，然而时间一长，我和他产生了许多隔阂，原因就是因为伯爵夫人对我的行为显得非常不高兴。

因为我在请求他们帮助时从未给他们带去过一件礼物，可以说甚至连一句感谢都没有。

渐渐地，我发现伯爵及他的夫人对我的态度一天天冷淡起来，最后，我不但再也得不到伯爵的帮助，甚至想见他一面都很难。

失去伯爵的帮助对我来说实在是巨大的损失，我眼睁睁失去了一个如此看重我和关心我的朋友。

或许因为遗传，卡尔也是这么不拘小节。因为我有过深刻的教训，所以我决心一定改变他。

我说过很多次，教育绝对可以弥补先天的不足，同时可以在孩子的每一方面有着良好的作用。

梅泽堡公立中学的校长福兰兹先生曾向很多有身份的先生们极力推荐卡尔，我想这为儿子的发展奠定了很好的基础。我对福兰兹先生的厚爱感激不已。但因为平时没有什么私交，所以我一直未登门致谢。

有一次，我因为工作要到那个教区去，便想着借此机会带卡尔去向福兰兹先生道谢。

那天，我问卡尔："卡尔，你觉得给先生带点什么礼物好呢？"

卡尔很惊讶："礼物？为什么要带礼物呢？"

我说："礼物可以表示尊敬，特别能表示我们对别人的感激之情。"

卡尔说："爸爸，这样做很拘泥，我想，对他人的感激不用挂在嘴边，留在心中这才是最好的感激。"

我问卡尔："你怎么也有这样的想法？"

卡尔理直气壮地说："我在许多书上都看到过，那些成大事的人很多时候都不拘小节，只是那些没本事的人才会请客送礼。"

卡尔这样说也有道理。的确，教孩子自强自立是一种美德，然而，书本上的很多知识有时显得跟现实不相符合，为此，我需要教卡尔一些书本上没有的东西，尤其是在为人处世方面。

于是，我把当年的事情给卡尔说了一遍，并跟他分析其中的得失。

可是卡尔却嚷嚷起来："这个伯爵也太小气了吧！既然他欣赏你的才华就不应该这么计较这些小事。"

当然，让小孩子明白这些道理是非常困难的，但我仍然继续一步步地引导他："这件事的责任完全在我身上，因为我没有顾及他人的感受，就像如今这样。人的心理是非常复杂的，就算他不介意，他身边还有很多亲人，如果你不能很好地处理这些复杂的关系，那么在不远的将来会处处碰壁。"

那天，卡尔没有懂得我的话，但他还是准备了一件礼物送给福兰兹先生。

当福兰兹先生接到礼物之后高兴地说："我真是没有想到啊，小卡尔不仅才华横溢，而且还非常细心呢。小卡尔，我想你将来长大后肯定会有巨大成就。"

后来卡尔问我："为什么先生会这么开心呢？难道他真的那么在乎礼物吗？"

我解释道："先生在乎的不是礼物，他在乎的是你从礼物中透出的尊敬和感激之情。"

4. 我教儿子如何争取应得的利益

或许有人会说："牧师，你竟然教导孩子乘人之危！"可我不这样认为，虽然这件事表面看起来似乎是在趁人之危，然而实际上我是教育卡尔怎么机智地保护自己。我想，任何一个小孩子都理应学会这些方法，这对他们的将来一定会有好处。

孩子总有长大的一天，如果我们教育他让他用自己聪明的头脑和智慧处理事情，那么他就可以面对生活游刃有余，这是孩子立足社会很重要的条件。

有一天在吃晚饭时，卡尔突然兴奋地说："爸爸，这几天我做了很好的事。"我想着，是什么事让卡尔如此自豪呢？

原来，这几天来，卡尔一直在帮一位名叫卡里莱恩斯的农夫收割麦子。帮助别人是好事，但卡尔这回却没得到我的表扬。因为据我所知，卡里莱恩斯十分狡猾，卡尔帮助他肯定有某种原因。

原来，不只卡尔在帮助卡里莱恩斯。那天，我在麦地里看见好几个孩子都在帮他做事。然而，卡里莱恩斯的儿子却在麦田边玩耍。他本人更加过分，没干活还扬扬自得地在阴凉的麦草堆里睡觉。

我从卡尔口中得知，几天前，农夫找到卡尔和小伙伴们，问他们想不想做一件值得人称赞的事。当然，事情就是帮忙收割麦子。孩子们听着觉得既好玩又能够帮助他人做善事，便一口答应了。

可是，单纯的孩子们完全不知道自己已经被那位狡猾卑鄙的人蒙蔽了，进了一个圈套。

有了孩子们的帮助，农夫用不着雇人干活了。这实在无耻，因为他利用了孩子们单纯而美好的心灵。

我没有去找那个卑鄙的人理论，而是向卡尔讲清了道理，让他认识到这是一种卑鄙的行为，然后又教导了卡尔要保持和争取自己的权益。

第二天，卡尔和伙伴们仍然像往常一样去帮卡里莱恩斯工作。中午时，天忽然阴暗下来，乌云笼罩的天空昭示着一场暴风雨即将来临。

卡里莱恩斯正在把麦子装上马车，他看见天气转变就着急起来。这些麦子如果被雨淋湿的话将是一笔不小的损失。这样既耽误了销售，还会让他不得不重新将它们晒干。

卡里莱恩斯马上叫孩子们帮助他。他以为孩子们还会任他摆布，可是这一次他失望了。

孩子们放下工具无动于衷地看着他，根本没有想帮他的意思。

"怎么啦？孩子们，为什么突然不干活？"卡里莱恩斯问道。

这时，卡尔以一个成年人的口吻和他说道："卡里莱恩斯先生，只要你付清我们这些天为你干活的工钱，那么我们会帮你的。"

"怎么？"卡里莱恩斯诧异地说："你居然还问我要工钱？这太不像话了吧。你们可知道，帮助他人是一种美德呀！"

"对的，帮助人的确是美德，可我们不帮你这种人。"卡尔向小伙伴们挥了挥手，"走吧，看来卡里莱恩斯不愿给我们付工钱。"

天开始下雨了，情急之下，卡里莱恩斯只好答应了给他们报酬。

或许有人会说："牧师，你竟然教导孩子乘人之危！"可我不这样认为，虽然这件事表面看起来似乎是在趁人之危，然而实际上我是教育卡尔怎么机智地保护自己。我想，任何一个小孩子都理应学会这些方法，这对他们的将来一定会有好处。

5. 我鼓励儿子勇于表扬他人

人都渴望得到别人的肯定，有时即使只为了得到赞扬，他也会全力工作。所以在生活中，你必须要学会适时鼓励和表扬他人，因为这样做既可以表示你对别人的尊重，也会让别人更加乐于帮助你。

得到他人的鼓励有时会成为一个人把事做好的动力。在教育儿子的时候我经常表扬他，就是为了让他能更好地学习或做他应该做的事。同时，我也常常教导儿子应当学会怎样鼓励和表扬别人以便能得到更多的帮助。

爱伦维茨是卡尔时常交往的小伙伴之一。虽然他比卡尔稍大一些，但却在许多方面稍逊于卡尔。当然，这不能说明爱伦维茨不是个聪明的孩子，这只能说明在他成长的过程中，所接受的教育比卡尔略显欠缺。

有一次，卡尔想用木块搭造城堡。因为他要把城堡做得很大，所以他一人完成不了，于是他便请爱伦维茨帮助。

可是，爱伦维茨表现不太好，总是笨手笨脚的，不仅没有帮到卡尔的忙，反而经常将已搭好的部分弄坏。为此，卡尔十分气恼。

那个时候，爱伦维茨不小心把一根柱子弄垮之后，卡尔就喊叫起来："你怎么这么笨啊？我刚刚修好的柱子，你竟然把它弄垮了。"

这时，爱伦维茨十分气馁，再也不敢向小城堡上添一块木块。

吃饭时，我对卡尔说这种做法是十分不对的，责备他人只会让自己渐渐失去他人的帮助。

我对卡尔说："虽然爱伦维茨不是很机灵，但他是想帮你，你需要多加鼓励他。"

卡尔说："难道我鼓励他一下，他就不会笨手笨脚吗？"

我向他讲解道："爱伦维茨之所以不机灵是因为不自信，加上你责备他，他就更加害怕了。如果你容忍他的失误，还在适当的时候表扬他一下，他一定会做好。"

卡尔似乎不太相信我的说法，半信半疑地问："表扬真的有用吗?"

我笑着说："当然。不然你以为自己天生就很聪明机灵吗，这都是因为我对你从小的鼓励和表扬得来的。"

听我这样说，卡尔勉强答应试一下。

第二天，卡尔为昨天的事跟爱伦维茨道了歉，并向他承诺以后都不再这样说他了。而且在修建城堡时，卡尔还经常给爱伦维茨的表现给予肯定，夸奖他做得很好。

事情正如我所料，爱伦维茨得到卡尔的赞扬后不仅不再笨手笨脚，而且表现的相当出色。

爱伦维茨回家后，卡尔跟我说："真没想到，我只是赞扬了他两句，爱伦维茨突然像变了一个人似的。不过说实话，他做得的确很棒!"

我笑着对卡尔说："现在你该明白表扬和鼓励对一个人有多么大的魔力了吧。儿子，你一定要明白这个道理，每个人都需要得到别人的肯定，有时甚至仅仅为了得到他人的赞扬，他也会不遗余力地工作。所以，在以后的生活中，你必须要学会不失时机的鼓励他人、表扬他人，因为这种做法既能表示你对别人的尊重，也会让别人乐于帮助你。你想想看，说一句简单的话便能对人与己都有利，何乐而不为呢?"

从此以后，卡尔不会再随便指责他人，而是尊重身边的每一个人，卡尔也获得了他人的尊敬和帮助。

第七章　我想把儿子培养成全面发展的人才

　　我想让儿子学会不同的知识，我不想让他沦落成那种板着面孔、呆头呆脑的人。如果儿子满腹经纶、知识丰富却不能很好地适应社会，更不能贡献社会或者帮助他人的话，我一定会很难过和愧疚的。

　　从儿子出生，我和他的母亲就耐心地照料他，但从不溺爱他。我很少将儿子抱着呵护，而是让他满地乱爬。父母是孩子的第一任教师，但不应该是保护神。大多数情况下，我绝对不会当儿子摔倒在地时去扶起他，而让他靠自己的力量站起来。儿子应该要从日常生活中学会独立，他应该明白在不远的将来，他不能永远依靠父母，只能靠自己。

　　我尝试让儿子学会同情别人，爱护别人，懂得什么是世界上最美好的东西。我认为，具有同情心的孩子个性才不会霸道蛮横，才能成为对社会有益的栋梁。这些孩子长大以后会更能得到社会的喜爱，更能和朋友家人建立友好的关系，在日后的工作中也拥有更多的好机会，我常常告诉卡尔爱是上帝赐予我们人类最伟大的力量。如果我们能接受和同情他人，我们得到的回报将会是无限的。

1. 是不是神童并不重要

在家里，如果儿子受到任何的伤害，即使他大哭也好，我也不会过分地安慰他。时间长了，儿子就会体会到，他在社会上只能依靠自己，不管有多么艰辛和痛苦，都不应该盲目接受别人的帮助。日复一日，儿子形成了坚忍不拔的性格。

人们在卡尔学有所成之后就喜欢议论我的家庭了。有人认为我教育儿子的目的就是把他培养成一个成功的学者，更有人说我就是单纯想把他培养成一个令世界震惊的神童。听到那些议论我感到很难过。因为他们都彻底误解了我和我的教育理念。

我想把儿子培养成一个全面的人才，所以我才挖空心思尽力把他培养成一个活泼幸福的青年。

有人说我重点培育卡尔的大脑，这是错误的。教育儿子的时候，我特别下功夫在德育。我不想把儿子变成一个所谓的神童。他重要的是全面、完善地发展，起码卡尔可以趋近于完美，这才是我所希望的。

我觉得父母行为会对孩子的发展和成长起决定性的作用。家庭就是培育孩子的摇篮。无论我的朋友或是邻居，绝对看不到我过度宠爱自己的儿子，而只会看到我在纠正儿子犯的错误。不过，我在尊重儿子人格的前提下管束他，让他明白，他不应为所欲为。

我教卡尔对任何人都必须懂礼貌，即使对父母也不例外。

在儿子很小时，我就培养他独立生活的能力。过分溺爱孩子会对孩子的独立人格形成最大障碍。我让儿子尊重他人的同时还要学会克制自己，知道他要为自己的行为负责任。

我认为缺乏忍耐、不能克制自我的人是欠缺修养的，人们会看不起这样的人。即使是孩子，也需要学会忍耐。在家里，如果儿子受到任何的伤害，即使他大哭也好，我也不会过分地安慰他。时间长了，儿子就会体会到，他在社会上只能依靠自己，不管有多么艰辛和痛苦，都不应该盲目接受别人的帮助。日复一日，儿子形成了坚忍不拔的性格。

人们说我要把儿子造就成一鸣惊人的神童，这是对我的诬蔑。我从没想过把儿子培养成他们想象的所谓的神童，如果说我想利用教育儿子来获取名声的话，那简直在侮辱我。

2. 让儿子具有同情心

我常常告诉卡尔爱是上帝赐予我们人类最伟大的力量。如果我们能接受和同情他人，我们得到的回报将会是无限的。我不喜欢作为一个人没有爱好和常识。所以我尽力培养儿子的情操，尽量让他拥有高尚的品德。

我和妻子齐心协力，下功夫培养儿子在想象力、常识和爱好等方面的能力。我不喜欢作为一个人没有爱好和常识，所以我尽力培养儿子的情操，尽量让他拥有高尚的品德。

我尝试让儿子学会同情别人，爱护别人，懂得什么是世界上最美好的东西。我认为，具有同情心的孩子个性才不会霸道蛮横，才能成为对社会有益的栋梁。这些孩子长大以后会更能得到社会的喜爱，更能和朋友家人建立友好的关系，在日后的工作中也拥有更多的好机会，我常常告诉卡尔爱是上帝赐予我们人类最伟大的力量。如果我们能接受和同情他人，我们得到的回报将会是无限的。

在一天傍晚，我跟儿子在附近散步。

这时一个流浪汉走过。卡尔注意到这个人就抬头问我："他为什么会流浪呢？他会需要些什么呢？"我没有马上作出回答，因为我总要给儿子自己先思考答案。这一次，卡尔没有向我追问，而是追上流浪汉，问他："先生，您为什么要流浪啊？您需要什么吗？"

"我需要一个面包……"流浪汉看见卡尔大笑起来，或许他从来不认为一个只有5岁的孩子能帮他什么。

流浪汉说罢摇了摇头，然后继续向前走去。

"先生，请您等一等。"儿子的话音未落，便向家飞奔而去。

流浪汉给我打招呼："先生，这是您的孩子吗?"

"是的，是我的儿子。"

"他是个多可爱的孩子啊，他真幸运……"

我和流浪汉攀谈起来，他告诉我许多自身的情况和他的流浪生活。

没有多久，卡尔手里拿着两块面包气喘吁吁地跑回来。他看了看我，我点头表示赞许。

"先生，这是我和家人送给您的。"儿子双手把面包递给流浪汉。流浪汉连声感谢，并夸奖卡尔是个好孩子!

很多的孩子都会自然生出同情心，那似乎是一种天性。随着他们渐渐成熟，他们也能分辨他人痛苦的不同外在表现，并利用行为表达自己对他人的关心。

我在教育儿子的时候，不会只让他背诵一条条的道德规范，而是以身作则去教导他，用言行去让他体会真正的爱心和善良。

卡尔很小就知道道德高尚比单单学识渊博更能得到别人的尊重。

无论儿子的年龄有多小，我都平等地看待他，从来没有忽略他的人格，也从来没有纵容娇惯他。

卡尔从很小开始，我就要求他去做力所能及的家务事。那时，他能够帮他母亲做简单的家务，例如擦桌子，摆好餐具，等等。随着年龄的增长，卡尔能做好的事情越来越多。因为帮着家人做家务也是帮助他人的一个方式。

凡是认识卡尔的人都知道他是个虔诚又和蔼可亲的孩子，他从未和人争吵。我为儿子拥有如此高尚的品格感到自豪。

3. 孩子的性格就是能力

我坚信，一个人的性格取决于他在幼年期间奠定的基础。意思就是，从孩子出生之后几年的家庭环境、生活习惯都是孩子形成何种性格的关键因素。甚至有时候，这些不起眼的因素却会起着决定性的作用。

可以这样说，人的性格就是能力。如果一个人开朗直爽，那么他就容易被人接受，拥有更广泛的交往活动范围。如果一个人孤僻自我，那他就只能生活在狭窄的范围中，做任何事情独来独往半途而废，如此看来，性格是决定成败的关键。

我对儿子的教育更注重培育他良好的性格。我坚信，一个人的性格取决于他在幼年期间奠定的基础。意思就是，从孩子出生之后几年的家庭环境、生活习惯都是孩子形成何种性格的关键因素。甚至有时候，这些不起眼的因素却会起着决定性的作用。

我一直仔细地观察卡尔的成长过程，在不伤害他的情况下去了解他的内心，在他烦恼的时候给予及时的帮助。如果他不顺心，我会让他将苦恼一吐为快，不让他闷在心里。只有这样，儿子才能够成为开朗而快乐的人。

有一天，我从外面回来，却看见卡尔表情忧伤地独自坐在院子里。儿子一直比较开朗，所以看到这一幕，我觉得很奇怪。于是我走过去蹲在他面前问他发生了什么事。

儿子抬头望了望我，叹了一口气后又重新低下了头。

"卡尔，怎么啦？发生了什么事？"我问道。

儿子仍然沉默不言。

"儿子，爸爸最爱你了。什么事情都可以跟爸爸说，你每次有困难不都是我尽力帮助你的吗？"我知道儿子一定有什么事，或许还是一件对他来说挺大的事。

"卡尔，爸爸就是想让你快快乐乐的，只要你有一颗快乐的心就能解决任何问题。"我尽力通过语言去开导他。

"爸爸，我觉得我不是个男子汉。"卡尔终于说话了。

"为什么？"

"因为我遇见了农夫的儿子肯特尔，他冲我显示他的肌肉还嘲笑我不够健壮，他说像他那样才是真正的男子汉。"

其实卡尔的身体一直十分健康，但确实算不上很强壮。弄清楚了儿子不高兴的原因，我就开始给他讲授关于男子汉的道理。

"卡尔，你要知道男子汉的强壮不只是身体。真正的男子汉应该有智慧，有毅力，他敢于承担生活中的一切挫折。你想一想，你现在年纪还这么小就掌握了那么多知识。等到你慢慢长大，这些知识就会转化成智慧。而且，我知道你一直是个很勇敢的孩子。虽然你不算是强壮的，但也很健康。肯特尔是农夫的孩子，每天要做很多活，而且他又比你大，他比你健壮是很正常的。等你长大后，平常坚持锻炼，肯定比他更强壮。"

卡尔听后顿时开心起来。起初是因为听了别人对自己不好的评价而产生了自卑感，我给他说完道理后，他的自信心又重新找了回来。

对于卡尔的教育，我就是这样尽量让孩子的心时刻快乐和开朗。

4. 我从来都不想把儿子培养成所谓的学者

很多学校的管理者只管制定出严格的规划，并准备培养中规中矩的人出来。这样的学校只能教育出水平很"平均"的人才，他们之中缺乏有特点的人。这些学生也变得和他们的老师一样，没有独立思想，也没有新观点。

我讨厌所谓的学者，他们为了显示高人一等的学识，不论对谁，总是一味卖弄专业知识，可是一概不知专业以外的东西。他们缺乏常识，仿佛不食人间烟火。他们对时事的拙劣看法，常常成为人们的笑柄。

这就是所谓的学者。

我从来不想把儿子培养成这样的学者，我除注意培养儿子的辨别能力和求知欲望以外，还培养他对于美术和文学等艺术的欣赏。

尽管我始终让儿子趋近完美，但过程中仍然出现了很多不好的现象。由于我的施教对象是一个活生生的人。大家都知道，只要是人，就避免不了犯下错误。

卡尔在小有所成后，有段时间差一点就变成我讨厌的那种学者。那段时间卡尔的自我感觉太好了，他甚至认为自己是神童。他开始改变说话腔调，变得高深莫测，写作文风也大大改变，变得晦涩难懂。

当然，他的变化也得到那些喜欢卖弄深奥的学者的认同。卡尔没有以前那么可爱了，有时还让人感到厌恶。

有一天，卡尔正在小伙伴面前卖弄"才华"时，我制止了他。

我问卡尔："卡尔，你如今怎么连话都不会说了？"

卡尔似乎不懂我的意思。

实际上，卡尔刚才的"演讲"糟糕透了，不仅没有表明观点，而且故弄玄虚。他故作深沉地把简单的道理复杂化，还引用许多乱七八糟的名言，结果小伙伴们根本理解不了。

见卡尔没回答我，我便问那些孩子们："你们听懂刚才卡尔讲的事情了吗？"

"没有听懂，不知他在说什么。"

"起初还能听懂，可后来就越来越不明白了。"

"卡尔，你到底想说什么呀？"

……

事后，我对卡尔说："用明了的方式让别人知道你的观点，那才是有常识的表现。如果你的言谈与别人有着极大的差距，这意味着你是个白痴。"

　　从卡尔很小开始，我就注重教育他辨别真伪善恶。我常常告诫卡尔，如果一个人没有创造力，即便他看完世上所有的书，那也毫无价值。

　　很多学校的管理者只管制定出严格的规划，并准备培养中规中矩的人出来。这样的学校只能教育出水平很"平均"的人才，他们之中缺乏有特点的人。这些学生也变得和他们的老师一样，没有独立思想，也没有新观点。

　　清一色的庸人对于社会来说，再多也没用。

　　我认识的一些自称为高明的教育家，他们喜欢制定各种清规戒律。规矩多得可怕，他们容不下孩子的出众才华。而孩子都因为受到这些清规戒律的限制，导致不能自由发展。

　　很多才华出众的孩子在表现自己独特的才华时都会受到责难，他们的与众不同遭到指责。

　　我们到底想孩子成为什么样的人呢？处事圆滑的商店店员抑或是灵巧但没有思想的手艺人？

　　对于儿子，我最大的愿望是让他对世界作出贡献，而不是成为只会读书的所谓学者，更不是什么震惊世界的神童。

第八章　千万不要小看他

从卡尔一岁时起，我就开始严格要求他。作为父亲，我有责任和义务教育儿子了解是非黑白。成年人对还处在幼儿时期的孩子的影响是非常深的，如果那时候放宽他们的话，就会留下深深的烙印，等他们稍大后再去改变，恐怕来不及了。

我认为，幼儿说谎多是善意的。孩子认为自己做错事后，为了避免父母的责怪一般会撒谎。针对这种情况，父母应该细心了解孩子的内心，首先应明白孩子撒谎的原因，然后通过合理的方式去教导他们。

同时，很多的父母不重视在孩子年纪尚小的时候与孩子进行交流以及培养他的责任心，认为孩子就是孩子，他不会听你的话，但等他长大以后满身毛病，年轻的生命千疮百孔之后才后悔，已经太晚了。

没有责任感和价值感的孩子，他们找不到自己在社会中的地位与价值就会感到迷惘，容易为一些物质所轻易吸引，沉溺其中。

另外，作为父母，应该培养孩子敢于失败的态度。孩子和成人一样有能力犯错，也同样有能力去自我纠正，敢于犯错和改正错误对于孩子来说是同样珍贵的。

1. 让美好的东西在儿子身上形成本性和自觉

由于对儿子的严格教育在他从小就开始了，卡尔已经养成了一种习惯，也就不会感到任何痛苦。我对儿子的严格在不知不觉之中，已经变成他对自己的严格要求。我也常常告诫他，没有人能够约束你，只有上帝和你自己。

从卡尔一岁时起，我就开始严格要求他。作为父亲，我有责任和义务教育儿子了解是非黑白。成年人对还处在幼儿时期的孩子的影响是非常深的，如果那时候放宽他们的话，那就会留下深深的烙印，等他们稍大后再去改变，恐怕来不及了。

儿子六岁时，我带他去另一个牧师家住了几天。

那天吃早点时，儿子不小心洒了牛奶。按在家里的规矩，洒了东西要受惩罚，所以他只能吃面包喝水。

卡尔非常喜欢喝牛奶，牧师全家都十分喜欢他所以特意给他调制了特别的牛奶，还给他最好的点心。这对儿子的诱惑定然不小。

卡尔在洒掉牛奶后一下子就红了脸，接着迟疑一阵子，最终还是不喝了。

我装作没看见。

牧师家的人见到非常着急，他们劝他喝牛奶，可儿子不喝，还很不好意思地说："我洒了奶就不能再喝了。"

牧师家的人还是不断劝说："没关系的小卡尔，喝吧，喝吧！"

我在旁边吃着点心，仍然装作不知情。可儿子还是坚持不喝，于是牧师全家开始向我进攻了，他们以为我训斥了儿子。

为了打破僵局，我让儿子出去，然后我说明了理由。

他们听后责怪我："对一个刚六岁的孩子，因为那么丁点的过错就不让他吃喜欢的东西，你太过严格了。"

我加以解释："不，儿子不是怕我斥责才不喝的，而是由于他认识到那是约束他的纪律才忍住不喝。"

我解释完，牧师全家还是不相信我，于是我只好做一个试验向他们揭示真相。

"既然这样，"我起身对他们说，"现在做一下测试，我离开这个房间，你们把卡尔叫来，劝他喝牛奶，看他有什么反应。"

说完，我就走开了。

待我离开后，他们把卡尔叫进来，继续热情地劝他喝牛奶，但卡尔坚持不喝。

接着他们又换了新牛奶引诱卡尔说："我们不告诉你爸爸，喝吧！"但儿子还是坚持不喝，还说："爸爸看不见，可是上帝却能看见，所以，我不能撒谎。"

牧师说："可是我们要去郊外散步，你现在不吃饱一会要挨饿的。"

儿子回答说："不要紧！"

他们实在没有办法只好又把我叫进去，儿子一看见我就哭了，如实向我报告了情况。

我听完便对他说："卡尔，你对自己惩罚已经够了。我们马上要外出，为了不辜负大家的心意，你把牛奶和点心都吃了，然后我们就出发。"

儿子听完才高兴地把牛奶喝了。仅仅6岁的卡尔能有如此的自制能力，牧师全家觉得十分诧异。

我对儿子的严格渐渐变成他对自己的严格要求。我常常告诫他，没有人能真正地约束你，只有上帝和你自己。

从小让儿子养成这种美好的心灵，我不希望在他幼小之时由于没有得到良好的指导而失去人生的方向。

2. 不要以为孩子太小就不懂得道理

很多父母认为有时候孩子说些小小的谎言很可爱，不会有什么危害，我从来不这么想。因为撒谎成为习惯之后，在将来就会变成罪恶的源泉。当那种习惯形成后再企图去改变，就晚了。

很多父母都会发现，孩子很小就开始有撒谎的行为。原因有很多，有的是善意的撒谎，也有恶意的撒谎。

我认为，幼儿说谎多是善意的。孩子认为自己做错事后，为了避免父母的责怪一般会撒谎。针对这种情况，父母应该细心了解孩子的内心，首先应明白孩子撒谎的原因，然后通过合理的方式去教导他们。

不要以为孩子年龄小就什么道理也不懂，千万不要小看他们。

卡尔两岁时，有一次，他打翻了一个水杯。那天我刚好去了别的教区，只有妻子和他在一起。他的母亲去了别的房间不一会儿，回来就发现餐桌的布被弄湿了，而卡尔的水杯也是空的。

"小卡尔，是你弄翻了水杯吗？"儿子的母亲问他。

卡尔猛地摇头否认。

母亲看着他可爱的样子笑了起来，所以明知道是他所为却没有责备他。

晚上我回家后，她把这件事告诉了我。

我仔细想了想，认为还是很有必要和儿子说一说这件事。

"小子，今天是你弄翻了水杯吗？"我严肃道。

儿子仍然看着我摇头否认。

"卡尔，我希望你不要说谎，无论有没有做，你都应该说实话。尽管我跟你的母亲看不见，但上帝却会看见。"我板着脸说："我们和上帝都不会喜欢会撒谎的孩子。"

卡尔终于低着头承认了，我却没有责怪他。

我知道，打翻水杯这么一点小事不足以让孩子养成撒谎的习惯。

很多父母认为孩子小小的谎言很可爱，不会造成太大的危害，我从不这样想。因为撒谎成为习惯之后，在将来就会变成罪恶的源泉。当那种习惯形成后再企图去改变，就晚了。

撒谎会摧毁人与人的亲密关系，损坏彼此信任的美德。在卡尔长大后，我就给他讲更深的道理。

认识卡尔的人都认为他很诚实。我想儿子也许唯一的"谎言"就是否认打翻了水杯。在以后，无论他做错了什么，他都会承认。

3. 父母要以身作则首先要尊重孩子

尊重是相互的，我们要求孩子尊重父母，我们首先就应该尊重孩子。而且从小就要让孩子养成尊重他人的品格。过度纵容孩子并不是尊重孩子。如果父母希望传授给孩子良好品德的话，做父母的首先要以身作则，自己先具备良好的品德。

有一次，卡尔很想吃点心。可是因为我们在不久前才吃过晚饭，所以我拒绝了他。卡尔那时候才刚满两岁，他开始发脾气，躺在地上大哭大闹。他的母亲看不下去连忙答应了他，她拿起那块点心说："好啦不要闹了，快起来。"卡尔的哭闹很明显获得胜利，他得到了那块点心。

当时，我没有多说什么，可是我知道卡尔的哭闹是在挑战父母的权力，并且他获得了胜利。

后来我和卡尔的母亲好好谈了这件事。

我认为我们不应该去迁就儿子的哭闹。因为儿子年纪还小，这种迁就可怕的结果暂时不易看出来，但我们作为父母已经在孩子的身上种下了不良因素。如果儿子到十多岁，父母的仍然这样与他相处，他就会变得蛮横无礼。

因为在潜意识里，他知道哭闹能得到自己想要的东西，所以一旦以后他得不到自己想要的，他还会哭闹，甚至在将来，等他长大以后，方式可能不仅仅是哭闹了。那种无礼将会针对所有人，他长大以后会以更加无礼的态度和方式去要求别人满足他的要求。

在那之后，我的家庭里再没有发生这样的事。即便卡尔怎样哭闹也不会得到他不该得到的东西。我要让他知道，对于自己本来就不应该做的事情，哭闹是没有用的。

尊重是相互的，想要自己的孩子尊重父母，父母首先要尊重孩子，而且在孩子很小的时候就注重培养孩子尊重他人的好习惯。

但是我们要认识到，过度纵容孩子并不是尊重孩子。如果父母希望传授给孩子良好品德的话，做父母的首先要以身作则，自己先具备良好的品德。

父母在教育孩子前首先要明辨是非，才会知道该采取什么方式对待孩子的过错。

我是这样对待卡尔的：如果他行为笨拙，撞翻桌子或者打翻杯子，我认为这些过错不属于无理取闹，他不应该负责，因为他没有恶意，更没有向我挑战。这种情况下我不会去责怪他。只是提醒他以后做事要小心，不能太鲁莽。

如果卡尔为了引起我的注意或有意向我挑战的话，我一定会采取措施惩罚他。

幸好卡尔极少会这么做。因为在他小时候开始，我首先言行身教尊重他，从来不会无端对他施加暴力，所以他也很尊重我。

4. 等他长大后就不会听你那一套了

很多的父母不重视在孩子年纪尚小的时候与孩子进行交流以及培养他的责任心，认为孩子不会听你的话，但等他长大以后满身毛病，年轻的生命千疮百孔之后才后悔，已经太晚了。

说到孩子的责任心，很多人会想：那么小的孩子懂什么责任心？成年人才会拥有责任心。我觉得这是一个极其错误的观点。

很多的父母不重视在孩子年纪尚小的时候与孩子进行交流以及培养他的责任心，认为孩子不会听你的话，但等他长大以后满身毛病，年轻的生命千疮百孔之后才后悔，已经太晚了。

没有责任感和价值感的孩子，他们找不到自己在社会中的地位与价值就会感到迷惘，容易为一些物质所轻易吸引，沉溺其中。

对卡尔的教育，我一直让他知道生活的真正意义，了解他的行为能为社会和他人带来的影响，由此产生自豪感和责任心。后来随着社会接触面的扩大，孩子的这种责任心也随之增长，不局限于家庭，家庭中给孩子培养的责任感是他将来生活的基础。

在我的家庭中，我始终让儿子担当有意义的角色，让他感到自己的行为对别人也有很大的重要性，同时也让他战胜弱点、增强各种能力的信心。

我和卡尔的母亲经常会给儿子分派一些与他年龄相当的家务让他完成，如打扫卫生、给花草浇水，等等。我们和卡尔平等交流，培养他的责任心，我们会倾听他的心声，和他谈论我们作为父母的喜怒哀乐。

有的人会认为："大人的事怎么能够同孩子讲，我哪里有那么多空闲和孩子闲谈呢？"其实孩子有很强的理解力，而且他们会很敏锐地观察外界，只不过成年人常常忽视他们的心理活动。

我常常会听到儿子说："妈妈你怎么啦？为什么不高兴呢？"这是孩子主动关心父母的表现，我们应当鼓励孩子发展这种行为。可是很多的母亲却冷淡地回答孩子："没有不高兴。"或"大人的事，你是小孩子不会懂。"而且以为家里的任何事情都与孩子无关，长久下来给孩子的观念就是：家里的事跟我没有太大关系，我只要不惹麻烦，衣来伸手，饭来张口就好了。

我完全不喜欢这样的父母，他们对孩子情绪的忽略，很容易让孩子失去本来能够培养起来的责任感。

有一次，一位少年向我倾诉他的苦恼，他说他的父亲常常酗酒之后打他的母亲和妹妹们。有一天，他实在无法忍受这样的情况，就去问父亲。可他的父亲说："你还有脸面问我？你早该去挣钱养活我们家了！"当时他很难过，因为他仿佛没有思考过这样的问题，小时候父母没有教育他应该肩负起家庭责任。这位少年告诉我，他之前只懂得到处去玩，吃饭的时候才回家，也很少会去考虑家里的事情。他说，如果早有人教育他承担家庭责任的话，他可能会把家里人照顾得十分好。可是，他现在觉得自己是个罪人。

他是多好的孩子啊，天性十分纯良，只不过没有很好的早期教育浪费了生命。

后来，这个少年和我诉说他内心的想法，我也尽力帮助他，教他许多做人的道理。现在，这个少年已经是个非常优秀的小伙子了，他娶了妻子，拯救了一个快要破败的家庭。

5. 对待儿子，行就是行，不行就是不行

我周围的很多父母们，他们时常出尔反尔，言行不能始终如一。孩子的行为对于他们来说有时行，有时又不行。这样久而久之，就在孩子印象中打下父母的"禁律"是能够打破的烙印。父母对自己都不认真，行为草率，怎么去教育孩子呢？

一直以来，我对待儿子是非分明、始终如一，这才会产生良好的影响。我周围的很多父母们，他们时常出尔反尔，言行不能始终如一。孩子的行为对于他们来说有时行，有时又不行。这样久而久之，就在孩子印象中打下父母的"禁律"是能够打破的烙印。父母对自己都不认真，行为草率，怎么去教育孩子呢？

在卡尔小时候，我就开始培养他良好的生活习惯。在餐桌上也会严格地教育儿子。我告诉他，要不就不盛食物，凡是盛入盘中的食物必须要吃光，这样做不但能培养他节俭的意识同时又是一种磨炼。

如果卡尔想吃点心，我会让他先吃完饭菜，对于这个我是不会通融的。

由于我对孩子动之以情晓之以理的教育，时间一长，儿子就把遵守这些规则当作了本分。

我希望卡尔能够确立"分寸"，我也按照原则去教导他。我要他诚实、守信，因为这些都是十分优秀的品质。

父母赏罚分明会对孩子产生积极的效果。如果你要求孩子不说谎，你自己就不能欺骗孩子；如果事先定好了制度，父母就应该认真对待。

我对儿子的奖与罚不会太频繁。我对卡尔的奖赏有时候是物质上的，有时候是精神上的。我希望他可以深深体会到奋斗与创造的喜悦。

我教育儿子，读书可以促进自己的成长，而家务活是每个家庭成员都必须履行的职责。如果卡尔表现出色，我会给他物质奖赏，有时会带他去他喜欢的地方。

我不会蛮不讲理惩罚儿子，一向很讲究原则。我对，一定要让他心服口服，否则就失去教育的作用。惩罚之前，我会先给他机会和警告，但在他犯错之后言出必行，并且讲清我惩罚他的原因。

我让儿子明白他的行为会产生很多不同的后果，随着时间推移，他慢慢就会做任何事都认真，他知道得过且过马马虎虎是不对的。

我曾经对卡尔说过："你早上要按时起床，否则你已经放弃自己的早餐，你要为自己的行为负责。"

有一次，他超过了我规定的时间。当他来到餐桌前，我们已经把东西收拾好了，连同他的早餐。

卡尔似乎想辩解一番，但我先开口说："真遗憾！我也很想你能吃上自己的早餐，但我们约定好了，我不能破坏这个约定，这只能怪你自己。"

其实早餐本身不重要，重要的是他必须清楚地知道，我们的约定是很认真的，是必须遵守的。

6. 孩子的事情让他自己解决

大人指责孩子的缺点似乎理所当然，由于孩子成长时有许多缺点，说出来也不可耻。即使这样，大人有时还是装作不知孩子的缺点。大人这是为了照顾你的面子，不让你太丢脸而已。这样你能明白别人对你的好意了吧！

对于大千世界来说，由于孩子的弱小，他们会感到十分束手无策。但是虽然他们那么脆弱但仍然有勇气尝试很多事情，学习各种方法让他们自己适应，然后融入世界之中。

我相信，即使儿子现在多么弱小，但是他终有一日会立足于世界中，成为一个真正的强者。我付出努力去帮助他适应新世界，让他学习他不懂的东西。

虽然他还很年幼和弱小，但我从来没有怀疑他的能力。很多人以为孩子们什么也不懂，在某个年龄段只可以做很有限的事情。我不赞成这样的观点，我十分看重能否让儿子脆弱的心灵中建立起他该有的自信心。

卡尔在两岁时就开始帮家人收拾桌子。每当客人看到他拿起盘子时总会叮嘱说："卡尔，小心，不要打碎了。"这时，我会对好心的客人说："放心吧，卡尔可以做好的。"

如果我不允许儿子去碰那些东西，或许我可以让盘子平安地保存，但一声"不允许"会大大地破坏他的自信心，可能会减缓他某种能力的发展。

当卡尔尝试自己穿衣服时总是会把衣服穿反，我从来不会嘲笑他。我不能让他觉得自己无能，而是十分耐心地教他。

我鼓励他收拾房间，即使他一开始做得不是很好，我也会夸奖他一番。房间收拾得好不好一点也不重要，我认为，孩子既然已经做了，就已足够。

在这些行为当中，卡尔不断探索新事物和锻炼自己的能力。我深信孩子要通过锻炼才会成为一个有用的人。

当孩子犯错误时我们不能重复强调他们的失败。我们应该知道，孩子失败只能说明他们没有经验和足够的技巧，这不能证明他们无能。父母有责任去指导他们把事情做好。

只有鼓励才能帮孩子培养自信心。所以我教育儿子的时候，时常鼓励他去做能力范围之内的事。每当他遇到问题，我总是让他首先尽力想办法自己解决。

对于卡尔，我有意地锻炼他过规律的生活。让他周密安排时间完成学习任务，同时发挥兴趣爱好。这并非是想让他在条条框框中生活，而是要让他充分发挥自己的才能，达到真正的自我完善。

第九章　什么样的教育才不会有害于孩子

孩子因为年幼所以经常会犯各种错误，在这个时候，父母应该严加管教。但不应该因为孩子不懂事就不尊重他们，对待每一个孩子，我们要像尊重成年人一般去尊重他们。

很多的父母把严格教育和专制等同看待，在教育孩子的时候把自己变成暴君，而把孩子变成唯命是从的人。他们在孩子不听话时就粗暴地惩罚他们，这种做法不但不能教育好孩子，反而会让孩子对父母的粗暴产生怨恨。

有些父母常常为了某些生活或其他方面的原因，让孩子接受自己错误的观点和思维，当然有时候这种做法看上去无可厚非，但往往正是这些"无可厚非"的做法最容易伤害孩子的判断力。

在日常生活中，我们常常会遇见一些令人尴尬的局面。但是，如果有孩子在场，该怎么正确处理这些难堪的局面就是父母的责任了。

作为父亲，应该耐心解答孩子的任何疑惑。如果不去思考孩子行为的原因，这样做不但不能对孩子有所帮助，反而会对孩子的成长产生负面影响。其中重要的一点，就是不能错误地批评孩子。

1. 我对儿子的严格完全取决于道理

有时候，在教育孩子时，严格和专制难以区分，一味地专制地对待孩子必然造成伤害。但是，父母如果以理服人，无论何种条件孩子都会乐于接受。所以我尊重儿子独立的人格，在尊重他自尊心的基础上给他讲许多他能够理解的道理。

很多父母把严格教育和专制等同看待，在教育孩子的时候把自己变成暴君，而把孩子变成唯命是从的人。他们在孩子不听话时就粗暴地惩罚他们，这种做法不但不能教育好孩子，反而会让孩子对父母的粗暴产生怨恨。

我曾经听说过这样一件事：

有个孩子十分喜欢一只羊，他常常独自牵着羊去山上，每当他看到自己小羊吃着嫩草就感到很快乐。对孩子来说，那只羊就是他的好朋友，他把听来的故事都讲给羊听。他觉得和羊一起在山上玩耍是一件最幸福的事。

可是有一天，孩子躺在山坡上睡着了，当他醒来时却发现小羊不见了，孩子走遍了整个山坡还是没有找到小羊。他"哇哇"地哭了，因为他害怕永远地失去了自己最心爱的伙伴。

他赶紧在天黑前跑回家。他本想把事情告诉父亲让他来帮助找回羊。没有想到，他得到的只是一顿暴打。当他的父亲听说儿子弄丢了羊后二话不说就朝他举起了棍子。无情的棍子重重落下，打得孩子满身是伤，额头也被打破出血。

"我只有这只羊，你不找到它就永远别回来……"说完，父亲粗暴地把他赶出家门。

孩子难过极了。

他独自在黑暗的山坡上游荡寻找那只羊，他不明白父亲为什么要暴打他？他又不是有意把羊给弄丢的。他想："羊不见了，我也很难过啊!""为了羊，父亲叫我永远别回家，难道在他心中我比不上一只羊吗？"

不久，孩子看见远处有个白色的影子。他匆匆跑去，当他走近时，他看见了那只羊正在悠闲地吃着草呢。

这时，受到粗暴对待的孩子行为怪异，他没有上前去爱护地抱着小羊，而是举起了一块大石头朝小羊的身上砸了过去。

"就因为你，父亲才会说不要我的。"孩子一边哭，一边猛砸手上的石头。

第二天，人们在山坡上发现了那只死去的羊。而那孩子消失得无影无踪，据说从那以后孩子就再也没有回家。

我们可以想象得到那个孩子心里是怎么的肝肠寸断，他居然亲手杀了最心爱的好朋友。

父母的粗暴在孩子身上留下了巨大的阴影，这种阴影会让一个生性善良的孩子变成一个凶残的魔鬼。

尽管我是一个比较温和的人，但在教育孩子的时候，我一直是十分严格的。我之所以这样做，是由于我知道纵容只会让一个很好的孩子变成不可雕琢的朽木。

但是，我的严格绝不是强迫孩子盲从，由于一个人只懂得盲从，那他永远只是无能的懦夫。所以，我对儿子的严格完全取决于道理。

有时候，在教育孩子时，严格和专制难以区分，一味地专制地对待孩子必然造成伤害。但是，父母如果以理服人，无论何种条件孩子都会乐于接受。所以我尊重儿子独立的人格，在尊重他自尊心的基础上给他讲许多他能够理解的道理。

我反对那种在其他人面前贬低孩子的做法，那样会伤害孩子的自尊心，每当他做错什么事、要受到惩罚时，我更不会当众嘲笑或者奚落他。我时刻都会让儿子感到"爸爸是真心实意地关心我。"

每当我让卡尔完成一件事之前，首先会向他讲明白事情的必要性，告诉他这是他应该做的分内事，而并非是我个人对他的强迫。

如果儿子无意间弄坏了别人的花园，又或者践踏了草地，我一定会叫他去给人家道歉。就算邻居根本不知道，我都要求他主动去。

有一天傍晚，卡尔在花园里模仿古代骑士。他独自和一个虚拟的强盗作战，我看见他的剑法绝妙极了。或许在这种玩耍中，他把自己当成了英雄。我觉得这样的游戏十分有利于儿子的想象力，也有利于身体的健康，所以我很乐意让孩子玩这样的游戏。在前面我说过，我不喜欢孩子变成那种死气沉沉或者呆头呆脑的人，这样的人没有生活情趣，甚至可以说在世上没有多大的意义。所以我一直极力赞成他这种活泼的玩耍方式。

忽然，他叫了一声，但马上愣在原地。原来，卡尔一"剑"将隔壁花园中的花砍倒在地，花瓣和枝叶在半空中飞舞。我冷静地观察他，看他会怎么处理这件事。

卡尔看了看隔壁的门，发现邻居没有发现，也没有人出来。他也没有看见我正在屋里看着他。当他正准备转身"逃跑"的时候，我叫住了他。

"卡尔……"

这时，儿子知道这件事已经被发现无法逃脱的时候，他慢慢地向我走来。

"你知道你犯了什么错误吗？"

"知道。"儿子小声地回答。

"那你觉得自己应该怎么办呢？"我严肃地问他。

"不知道。"儿子低下了头。

"儿子，你应该马上去敲邻居的门，以虔诚的态度去向他们道歉。"

"可是，我并不是有意的。"卡尔似乎想辩解，他并不知道道歉的含义。

"卡尔，你要记住，人们很多时候都不是有意犯错误。但错误实实在在已经犯了，你就要为自己的行为负责任。虽然邻居没有看见这件事的破坏者是谁，但他们确实受到了你行为给他们带来的伤害。你应该去道歉，我们不能再伤害了别人之后逃之夭夭。你不是在扮演古代的骑士吗？骑士是勇敢的人……"

"爸爸，我明白了。"卡尔终于敲响了邻居的房门。

第二天，我碰见邻居。邻居完全没有提起花园被毁坏的事情。他只跟我说了一句："您儿子是个非常诚实的好孩子。"

卡尔崇拜英雄骑士。我常用骑士的精神来激励他，让他认为道歉不是值得羞耻的事，也让他知道，只要犯下错误，不论是故意还是过失都应该负责。

在我发现那件事时，我没有立刻大声责骂孩子。因为这样做不仅会惊动邻居，也会伤害孩子的自尊，甚至有可能把事态扩大。

2. 教导孩子说话要注意场所

很多父母见到孩子表现得不好时，要么当场训斥，更有甚者会体罚孩子来怪罪孩子的不礼貌，但就是不检讨自己的教育方法如何。

曾经有很多人问我教育孩子是否最重要？我认为教育孩子十分复杂，它涉及了方方面面。但我认为，教育的关键在于保存孩子的理性和判断力。

有些父母常常为了某些生活或其他方面的原因，让孩子接受自己错误的观点和思维，当然有时候这种做法看上去无可厚非，但往往正是这些"无可厚非"的做法最容易伤害孩子的判断力。

在日常生活中，我们常会遇上尴尬的情况。但是，如果孩子也在，父母就要正确处理这些难堪的局面。

如果卡尔说话鲁莽，我会马上给对方道歉。这时儿子就已发现自己可能说了不合适的话，过后他一定会向我询问个中原因。

回家后，我会说明："你刚才说的实际上是正确的，我也这么认为，但在别人面前说就不好了。难道你没看见说了那些话后彼德先生显得很尴尬吗？人家看好你，又碍于我的面子，才没有指责你。但彼德先生后来一直沉默，就是因为你说了一些不该说的话。"

假设在我批评儿子以后，他反问我："可是我说的是真的呀！"这时，我会进一步解释："你说的的确是真的。但是先生就会觉得：'你这么个孩子懂些什么。'再说，即使你知道那都是事实，其实你也没必要说出来。你没有发现别人都没有说吗？如果你以为只有自己了解真相就太傻了。再说，大人指责孩子的缺点是理所当然的，因为孩子在成长过程中会有许多缺点，其实谈出来也并不是什么可耻的事。即使这样，人们对你的缺点都装着不知。事实上，人们这样做是为了考虑你的面子，为了不让你丢脸而已，这样你就明白了人们对你的好意了吧。而你发现别人的缺点之后是怎么对待他人的呢？道理就是在人面前揭露别人的缺点是很不好的。"

儿子听了之后还是觉得很困惑，不能完全理解我的话，因为他还不像成年人那么复杂，虽然有人指责我过早让孩子接触人情世故，但我觉得这样教导孩子很有必要。

假如儿子又提出："那我就要撒谎吗？"那我就继续教育他："不，这不是说谎，你也没必要说谎，只要保持沉默就好。如果每个人都互相挑剔别人的毛病并大肆宣扬，那么人们不就要争吵度日了吗？"

我坚信这样教育孩子十分正确，我对他不专制，不会伤害他的理性和判断力。

我的方法其实可以说是"成人化"的教育，之所以获得如此效果要多亏我对儿子潜能的开发。

我们发现很多父母见到孩子表现得不好时，要么当面训斥，更有甚者会体罚孩子来怪罪孩子的不礼貌，但就是不检讨自己的教育方法如何。

安多纳德太太的儿子卡尔比我儿子大两岁，他十分机灵。但他有很多坏习惯，比如喜欢欺负其他孩子和当众揭人短处。

那天我偶然碰见他们一家，我友好地问候着，并摸了摸卡尔的头表示友好。

"威特牧师，你看上去就像一具尸体，脸色多么苍白啊！"大卡尔毫不客气地说。

其实他说的都是实话。由于我受了凉，在生病，脸色苍白很正常。如果是我儿子，他知道这样说话是非常不礼貌的。何况，大卡尔用的词眼让人很难受。

这种情况，我当然不会因为一个小孩子生气，但当时却已经让我不知道该说什么话了。

安多纳德太太采取了一种极端的教育方式。

"你怎么能对威特先生说这样的话。"接着她狠狠甩了儿子一个巴掌。

我连忙上前劝阻。可是大卡尔继续道："我说的是实话，你看看他的脸……我没有瞎说……你干吗打我?"大卡尔喊叫起来。

安多纳德太太害怕极了，她拖着大卡尔逃跑似的离开了。

看着他们走远，我叹气想到，大卡尔回去必然又要受到毒打了。

我知道虽然大卡尔喜欢揭人短处，但这次他或许不是有心的。这孩子找不到恰当的方式去表达他的意见。如果他对我说："先生，您的脸色不像往常一样显得有些苍白，您生病了吗?"

这样，不同的表达方式，他表达了同样的含义。前者是恶毒的言语，后者却是对人的关心。

安多纳德太太的教育方法就更加错误了。从这看来，她对孩子的教育是多么不妥。

由此可见，让孩子具备丰富的语言知识，和让他们更加明辨事理都是同等重要的。

3. 不能错误地批评孩子

作为家长，应该耐心解答他的任何疑惑。如果不去思考孩子行为的原因，不但不能对孩子有所帮助，反而会对孩子的成长产生负面影响。其中重要的一点，就是不能错误地批评孩子。

你一定会认为我教育孩子时，常用夸赞鼓励来培养起孩子的自信。可是我仍与其他父母一样，有时也会对孩子提出批评。

虽然卡尔有时会犯下错误，我也因此批评过他，但我可以肯定自己从来没有错误地批评过他，而且每次都让儿子对我说的道理心服口服。

我一直在仔细地观察和理解卡尔做的任何一件事。即使要批评他也会先搞清楚事实的真相，然后评价他行为的对错。

比如，有时我发现儿子的学习积极性突然下降。因为他一直很热衷于学习，所以这种特殊的情况也特别容易引起我的注意。这时，我不会认为孩子学习不勤奋，而会考虑儿子是不是遇到了什么让他不开心的事儿从而导致他的学习热情下降。

这时，我不会立刻训斥他，而会找一个合适的时机去耐心询问他。有一天，我看见卡尔捧着书本默默地出神，表面上在学习，实际上他的书本很久没有翻过了。

等他休息时，我对他说："卡尔，你做事要专心致志，只有全神贯注做事才会有好效果，如果分心，即使你用了很长的时间也是白费。不全身心去投入学习等于浪费生命。"

卡尔看着我小声地说："爸爸，您发现我走神儿了吗？"

"是的，我知道你一直很喜欢学习，也对知识有浓厚的兴趣，可今天为何学习的时候会走神儿呢？儿子，你是不是突然不想学习了？"

"不，爸爸……"卡尔想了想说："我还是很喜欢学习的，也觉得学习很有趣味，当我掌握很多知识后，我感到很幸福。"

"那为什么你今天却走了神儿呢？"我不解地问道。

"只是……只是……"

"没关系的，你可以把自己的感觉告诉我。"我想，卡尔的内心一定有些自己不能解决的问题需要我去帮助他，开解他。

"我突然觉得，我学会那么多的知识到底有什么用呢？"卡尔说出了心里话，"我在想，学习木匠活能够建造房屋，学铁匠的本领能够打造炊具，但我学了这么多语言诗歌我又能做什么呢？难道只是为了有趣吗？"

听孩子说完，我心里非常喜悦，因为我知道儿子已经对自己的人生有了更深入的思考和反省了。我觉得这是一个对孩子进行深层教育的好时机。

"儿子，我很高兴你能这么想问题。"我首先给予他肯定和鼓励，然后尽力去帮他解开疑惑。

"首先，知识是所有力量的源泉。如果你没有最基础的力学知识，你怎会知道需要用多大的木材去建造一间房子呢？如果没有数学知识，你怎么计算材料的数量呢？如果缺乏基础知识，木匠就只能时刻对着木头发呆，我怕他最后也会变成木头！"我尽量把道理说得活泼有趣。

卡尔听到这里"嗤嗤"地笑了起来。

"儿子，你要好好记住。绘画、音乐和哲学等等都是世界上最美好人类的智慧结晶。我之所以要叫你学会这么多不同国家的语言不是要你成为外交家和翻译家，是想让你更好地去理解其他国家的不同文化，学懂更多知识。"

"还有儿子，就如你说的，学习让你感到非常的快乐和幸福，难道这对一个人来说还不足够？人可以活得快乐和幸福，我想他应该没有什么可以不满足的了。"

儿子听完之后，眼睛中散发出愉快的光，我想，他的疑虑完全消失了。

我认为卡尔之所以能够获得这么大的成功，就在于他拥有求知欲，而且他在学习和得到知识的过程中觉得自己无比的快乐和幸福，而不是大部分孩子所认为的负担和压力。

作为家长，应该耐心解答他的任何疑惑。如果不去思考孩子行为的原因，不但不能对孩子有所帮助，反而会对孩子的成长产生负面影响。我举个例子，如果卡尔学习走神，我对他进行责骂和批评，而不是关心帮助他，那么情况就会完全相反：

卡尔捧着书发呆，傻傻的不知道在想些什么。我发现他从来没有掀动过一页书，而是在装样子。

"卡尔，你这小混蛋在做什么？"我走上去狠狠地甩了卡尔一个耳光。

"我在看书……"卡尔完全被我的粗暴吓坏了，只好说个谎话来逃避我的责难和粗暴。

"胡说，你竟然还骗我。"我大吼起来，"你不知道自己不该在学习的时候发呆走神吗？"

"……"卡尔无法回答。

"没听见我说话吗？为什么不说话。"

"我……我在想……"卡尔本来想说出自己心中的苦恼，可碍于我对他粗暴的态度，他已经变得不敢说话了。

"你想什么？快说，学习的时候竟然不专心，你太不像话了。"

"我在想学习这么多知识有什么用处。"卡尔鼓足勇气说了出来，"铁匠能够制作农具，木匠能够制造屋子，那我学这些知识有什么用呢？"

"你这个没出息的东西，"我又打了他一下，"你就是个不求上进的蠢材，竟然想着去做那些出卖自己劳力的没有半点知识的粗人，我简直白教你了……"

"可是，我不懂……"

"不懂什么？我让你学习你就得学习，懂不懂的说那些废话干什么？"

我觉得这样粗暴地对待孩子的父母应该被打下十八层地狱，因为他们白白地糟蹋了孩子的智力，幸好我不是这样的人。

这样做会伤害孩子的自尊，又会失去一个教育孩子的好时机，最糟糕的是会给孩子留下一个恐怖的印象。他慢慢就会觉得，学习非常可怕，学习就是为了讨好自己的父亲。

这样教育孩子怎么能够培养出人才呢？完全抹杀掉了孩子的求知欲，其他还有讨论的必要吗？

4. 绝不能伤害到孩子的自尊心

虽然我对卡尔的教育十分严格，但我时时刻刻都将他当作成年人一般尊重。有些父母打着严格的旗号对孩子过于苛刻，不在乎孩子的自尊，这令人非常痛心。严格教育固然好，但就算再严格都应该有限度，无论怎样都不能伤害到孩子的自尊心，因为孩子失去了自尊心就会变成一个无能的懦夫。

无论卡尔年龄多小，我也把他当成年人一样去尊重他独立的人格。无论在学习还是在其他方面，我一直坚守着这个原则。

我的一位朋友对孩子的教育尽心尽力。他在任何方面都尽量让孩子得到最好的条件，学习就更不用说了。无论书本还是学习资料，他都给孩子买最好的。可是，在给孩子如此优越的生活条件以后，他却忽略了最重要的一步，就是保护孩子的自尊心。

他始终以为孩子不懂事，任何事情都帮孩子做主，不信任孩子。他不许孩子做很多事情，还喜欢监视孩子的一举一动。孩子承受着那样的压力以至于慢慢失去了信心，总认为自己很无能，无论做什么事情都是错误的，到后来，孩子的自尊心就消失殆尽了。

我始终极为重视严格教育儿子，但无论如何都注意不伤害到他的自尊心。

在吃饭时，我会和卡尔边吃边聊，讨论饭菜的味道，有时谈论一些见闻。

现在有一种规矩在人们之间流传，那就是在吃饭时应该不说话，表现温文尔雅，说这样做才显得有绅士风度。我不赞成这样的看法，反而很讨厌它。

吃东西是人生一大快乐，为何一定要用莫须有的规矩来约束自己呢?

我们家从来都是在十分轻松的氛围下吃东西，因为我们一直都不在乎那些所谓的规矩。虽然过于活跃有时会产生一些麻烦，例如会打翻碗盘，但我认为让餐桌上一塌糊涂总比变成像死沉沉的葬礼要好得多。

很多家庭不让孩子吃饭的时候说话，父母也严肃得恐怖，孩子会觉得吃饭就像是在受刑似的。有的父母会在饭桌上数落孩子的缺点，对他进行批评。孩子不仅不能得到吃饭的乐趣，还会食欲全无，最重要的是让他觉得自己一无是处，从而产生自卑感。这些父母让孩子时刻畏畏缩缩，那么他还会有什么自尊心呢？

有些父母，为了让孩子易于管教，就特地让孩子惧怕自己，根本不将孩子当成一个独立的人来平等对待，他们就像一个君主，孩子像他们的奴仆，久而久之孩子便会变成一个懦夫。这些父母只会把孩子塑造为一个失败者。在这个社会里，一个懦弱的人想在社会上取得成就是十分困难的。在我的家庭中，儿子是我和妻子的朋友，也是女佣的好朋友，我们互相尊重。

孩子的很多问题是没有逻辑的。但大人的很多知识其实也是些挺可笑的东西，所以不管孩子提出什么问题，父母绝不要嘲笑他们，而是应该亲切地予以回答。如果父母嘲笑孩子，他以后就会因害羞而不再提问题了。提问是孩子获取知识的途径，我们应该充分利用从而向孩子传授知识。若遇到不懂的问题，可以请教别人，或经过研究之后给他耐心解答。

父母无论什么时候都不应该戏弄孩子，如果孩子经常被戏弄的话，容易变得不知羞耻，他会粗暴，或是用心不良，甚至不尊重身边的人。由于小时候受到父母的戏弄导致日后成为罪犯而入狱者大有人在，所以我从来不戏弄儿子，也极少随便应付他。对于儿子的一切，我都会认真对待。

我从来不欺骗卡尔，而且，我从来不欺骗任何人，由于欺骗其实是一种罪行，是上帝所不允许的行为。

如果被孩子知道你欺骗他，他就不再相信父母说的话了。父母失去孩子的信任，其后果是不堪设想的。习惯欺骗孩子的人教育出来的孩子也会欺骗他人。

有一次，有位父亲自豪地对我说："我的儿子将来会成为一个大政治家。"当问他为什么时，他说："前天，我儿子把碗厨里的菜吃了，把剩下的抹到猫的嘴巴上。"

我认为这样的父亲是非常失败的，他儿子的欺骗行为肯定是从他身上学来的。

很多父母当孩子为玩物，认为孩子很多事情都不能做，一切都包办代替，结果让很多孩子对自己的能力缺乏信心。卡尔的母亲从他很小就开始耐心地教他怎样扣纽扣。尽管他不会扣，但是妻子还是会很耐心地让他扣，她认为这是在教育儿子。我认为这是十分有益于儿子锻炼自己的方法。

让儿子从小给母亲扣衣服纽扣，除了可以练习手指的灵活以外，还帮他养成了要尽量帮助他人的观念。为此，卡尔的母亲即使自己忙，也会让儿子自己穿鞋穿衣服。每天她总要花一点时间去教导儿子。

有些父母把孩子当成宝贝，过于溺爱孩子，怕孩子跌倒所以不让他有尽情玩耍的机会，那孩子就失去了锻炼身体的时机。怕用有害于孩子的神经而不教育孩子，不让孩子看书读书。这些做法十分愚蠢，这些父母的想法也无药可救。这样做只会让孩子成为无能的废人。

还有一些父母用可怕的事情吓唬孩子让孩子听话。这样做会让孩子满脑子都是恐怖的东西，他们随时都有可能精神错乱。因为孩子信任父母，所以父母说的故事他们会信以为真。所以，如果父母注意引导，孩子就不用怕黑。用鬼神等吓孩子是十分有害的，因为这种错误的教育方法一直存在，所以有许多人终生怯懦、胆小怕事。

我给卡尔讲很多神话故事，但我总会强调神话是人们编造的。而且一般情况下我都会给他讲让人的情绪积极向上的英雄故事，是想通过故事教会他一些人生道理。

我认为家庭应该成为孩子的乐园，但并不意味着父母要对孩子放纵。家庭应该是爱、欢乐的殿堂，孩子只有在家庭的关怀下才能快乐成长。他们应该在家庭中树立起做人的信心，而不应该被不当的教育让他们失去做人最重要的自尊心。

第十章 我如何教儿子游戏和选择朋友

许多人都会认为：假如孩子没有玩伴，他就会变得自负或者任性。我认为这个观点极其错误。因为情况可能刚好相反：如果我们不经筛选地让孩子和任何孩子一起玩，他们会逞能斗狠，很可能养成坏毛病。

所以我在选择卡尔的伙伴时会非常严格，我尽力让他和兴趣相投的孩子玩在一起，他们能够在一起就某个问题进行探讨，能够相互学习对方好的品质。许多孩子因为认识能力的限制，很难分辨清楚哪些品质是好是坏，这时候就需要父母多加引导了。

其实父母也可以是孩子最好的玩伴，在教育儿子的过程中，我常常觉得在这种游戏中，父母应该成为游戏中的主谋，担当指挥孩子行动的重任。父母要时刻提醒孩子不能违反游戏规则，但同时也注意不要让游戏半途而废。因为随意停止会打击孩子对家庭游戏的积极性，后果是很严重的。

我可以负责任地说，卡尔之所以能健康成长，还取得巨大的成就，几乎都要归功于这种家庭游戏。我没有过度褒扬自己的教育，可事实正是这样。

1. 我告诉他：游戏仅仅是游戏

孩子们之所以会在游戏中受到伤害，是因为他们年幼无知。如果此时父母不能细心地开导他们，结果通常是极为可怕的。我常常告诫卡尔，不要和孩子们打架斗殴，因为那种伤害比任何伤害都要严重。那样的伤害，会在孩子幼小的心灵中留下很多阴影。

一个成人倘若滑头滑脑、放纵和任性，大多是因为从小没有被管教好。放任不管让孩子不经筛选地和任何一个孩子一起玩，有可能沾染上各种坏习惯，有时还会从那些孩子身上学会一些坏毛病。我常常看到一些孩子们聚在路旁赌博，他们常常在一起打架，用肮脏的语言互相唾骂。我已经记不清有几次去劝说这些孩子，也不知道为他们拉过多少次架。

我看到这样的情形都会感觉到十分寒心，他们本能够接受很好的教育，成为一些有礼貌有常识的孩子，可他们并没有那样。

这些孩子真的很不懂事，常常恶言相向互相扔石头，结果造成流血、受伤，有的孩子的眼睛甚至被打坏，这是多么可怕的事情啊！即使是抛雪球，有的孩子也会拿起像石头一般坚硬的雪球存心让对方受到伤害。

卡尔也有过几个小玩伴，可当我发现那帮孩子的行为是多么粗野时，我便再也不让儿子和他们玩了。在此，我的意思并不是说那些孩子本身有什么不好，因为孩子毕竟是不懂事的，由于没有大人指导他们，他们经常做出一些傻事来。

安迪是一个健壮的男孩，是那群小伙伴里面的领导人物。他十分聪明而且有非常强的组织能力，所以他经常带着那些年纪稍小的孩子玩打仗的游戏。

或许安迪天生就有这种才能吧，他能够把自己的"军队"管理得井然有序。但是有一天，这位"英雄"最终被"敌人"打倒了。

那天，安迪将小朋友们分成两个队伍玩城堡游戏。安迪带领五六个伙伴负责守城堡，另外的几个人就扮作攻城的敌人。

安迪挥舞着他的宝剑英勇地站在一辆拉货的马车上，他一只脚踩在高大的马车轮上，口中大声喊着自己的号令："把敌人打下去……"这真是一副大英雄的气派。

当时卡尔也在其中，他是和安迪并肩作战的。"敌人"将石块和树枝猛烈朝他们投掷过来。一开始，安迪用"宝剑"把攻击的石块打翻在地。

安迪和伙伴们一致的想法："一定要守住城堡！"可是敌人的冲锋越来越猛，他们最终抵挡不住了。

敌方中的领袖，冲到了马车上，趁安迪不注意时在他的背上狠狠地踢了一脚，安迪"啊"地喊了一声，从马车上栽了下去。

当时，我正在家中和客人谈论教育孩子的问题。卡尔突然慌慌张张跑回来，他甚至还未进门时我就听到了他惊恐的叫喊声："爸爸，不好了……出事了。"

从儿子的表情来看，我知道一定发生了不小的事。

儿子带领我和客人连忙赶到出事的现场，那个情景简直让我终生难忘，连我的客人都惊恐万分。

当安迪从马车上摔下去之后，正好踩在镰刀的木柄上，可能是太巧了，那把镰刀从地下弹起，刀锋正好插进安迪的大腿里。

安迪倒在地上，疼痛地大喊大叫。孩子们谁也不敢去取下镰刀，因为那太恐怖了。安迪的腿上全是血……

"安迪真是个大英雄。"事后卡尔这样说。

"儿子，你真的觉得他是个英雄吗？"

"是的，他为了保护我们城堡才受的伤，他表现得很勇敢。"卡尔的双眼流露出敬佩的目光。

"不，儿子，安迪的做法一点也不是英雄，至于把他从车上推下去的孩子更是无知。"

"爸爸，您不是说过做人应该勇敢吗？难道安迪不勇敢吗？"

这时，我才发现孩子有时候单纯得分不清什么应该做，什么不应该做。

"儿子，今天你们在做什么？"

"我们在玩攻城堡的游戏啊！"

"对了，但是你们要知道，那只是一个游戏，那不是一个真正的战斗。"我抓住"游戏"这个字眼开导他，让他分清什么是真，什么是假。

"儿子，我知道你们都喜欢英雄，可是，你一定要清楚地知道，英雄不是鲁莽的人，更不会不顾一切地打打杀杀。"

我抚摸着儿子的头，一边仔细地给他分析其中的对错。

"既然你们只是在玩游戏，而且你们都是好朋友。那为什么要伤害对方呢？这种游戏很容易把朋友变成敌人。你看，安迪也许会永远记恨那个把他推下去的孩子，可能安迪还会去找他报仇呢。我真的很不希望让你和朋友之间产生仇恨。仇恨会产生邪恶。"

"可是安迪确实是很勇敢啊！"看来卡尔还是没有懂其中的道理。

"我相信他很勇敢，也很聪明。但无论多聪明，如果成天这样喊打喊杀又有什么用呢？今天会砍伤腿，明天可能会被打瞎眼睛，后天说不定又会被摔断手臂。一个伤痕累累的孩子，他长大后就会什么也干不了。如果他想当一个将军，那么从小时候他就应该知道自我保护。一个缺胳膊少腿的人，怎么能够去领导一个强大的军队呢？"

"你们孩子还不能掌握游戏的分寸。可是游戏只是游戏，不能实在地伤害对方。如果有一天你们真的去杀敌为国，有勇气去和敌人拼个你死我活，那才算真正的英雄。"

"爸爸，我懂了。"

孩子们之所以会在游戏中受到伤害，是因为他们年幼无知。如果此时父母不能细心地开导他们，通常结果是极为可怕的。我常常告诫卡尔，不要和孩子们打架斗殴，因为那种伤害比任何伤害更加严重。那样的伤害，会在孩子幼小的心灵中留下很多阴影。

天下没有什么比在孩子的心灵中种下仇恨的种子更加可怕的事了。仇恨会使一个人虐待他的父母，蔑视身边周围所有的人，甚至会让他陷入孤立无助的境地。

有些孩子缺乏父母的教育，还不懂得是非善恶。因为父母没有教导他们最好的度过童年的方式，他们常常觉得无聊。他们不知道世界上有很多美好等着他们去发掘，他们不懂得读书，更没有尝试过从文学、艺术中得到快乐。

由于没有人指导他们该如何去度过本应该美好的童年，有的孩子成天无所事事，有的孩子甚至以打架为乐，更有的每天都沉浸在赌博之中。这些孩子是非常不幸的，因为他们的父母没有很好地教育他们，没有给他们提供一个快乐童年的家庭。有人会说，孩子的性格和才华是天生的，是无法改变的。他们经常说："我的孩子糟透了，怎么也学不好，怎么教他都没有用。"每当听到这样的话我都会觉得很悲哀，你根本不相信自己的孩子，弱小的孩子还会有什么好的发展呢？

由于上述原因，在选择卡尔的伙伴时我表现得非常严格。我尽力让他和那些跟他有相同爱好的孩子玩在一起，他们能够在一起就某个问题进行深入探讨，能够相互之间学到一些好的东西。我经常看到卡尔和小伙伴一起朗诵诗歌，有时也会进行争论。每当这个时候，我绝对不会贸然去打扰他们，还会为此而感到欣慰。

2. 正确看待儿子和玩伴之间的矛盾

卡尔的胜利是因为他的气势从根本上压倒了对方。这样会在他的心里形成一个印象，女孩子们都没有他能力强，于是产生了优越感。可是他不明白，他的获胜并不是因为知识上比女孩子强。

人们一再说，孩子必须要有陪伴他游玩的伙伴。否则，孩子会感到生活没趣，甚至导致情绪低落，性格孤僻。

即使我不这样认为，但由于说的人多了，我也开始有些妥协。最后和妻子商量了一下，相继选了两个小女孩来做儿子玩耍的伴儿。

可是我发现，自从让卡尔和小女孩一起玩耍之后，本来不任性的儿子慢慢变得任性起来，从不说谎的儿子也开始对其他人说谎了，并学会采用一些低俗的语言攻击他人，他也变得自以为是和傲慢了。

这种变化令我很是担心。

我对儿子与两个小伙伴进行了观察，发现卡尔之所以会变成这样，是因为那两个小女孩什么事都顺着他而造成的。

我对那些小女孩说，不要什么都听卡尔的，如果卡尔表现的自以为是，就跟我们说。但一开始似乎仍然无济于事最后我们只得不再让她们陪伴卡尔玩了。

为什么事情会变成这样呢？事后我仔细地分析了其中的原因。

首先，无可厚非，她们都是受过良好教育的孩子。有人会说，那既然她们都受过好的教育，那么彼此之间应该只有良好的影响啊。其实不然，每个人都有好胜之心，更不用说孩子了。

这两个女孩子会唱歌跳舞，卡尔也会，那么，这里面谁做得更好。每当看见两个女孩翩翩起舞，卡尔总会指手画脚，会说她们哪个动作不对。这时女孩子们不服气就会让他给她们跳舞，卡尔肯定会跳起来。因为他是男孩子，他的动作相对女孩子显得有力，不像女孩身子那么婀娜多姿，这时女孩子们又会说他的舞姿太生硬太难看了。

那么，矛盾就开始产生了。

结果变成，儿子和女孩们展开了激烈的争论。如果是争论其他的东西还好些，就舞蹈来说，他们各自有不同的观点。儿子说舞蹈应该有力才好看，而女孩子说跳舞就应该优美。

因为他们掌握词汇是有限的，争到后来，就要看谁声音更大了。男孩子语气比女孩子强硬，所以女孩们通常都会在这些争论中认输。即使她们心中不服，却找不到可以说服卡尔的理由。

卡尔的胜利是因为他的气势从根本上压倒了对方。这样会在他的心里形成一个印象，女孩子们都没有他能力强，于是产生了优越感。可是他不明白，他的获胜并不是因为知识上比女孩子强。

这样，在错误的感觉中，他开始变得自以为是，认为自己什么都懂了。

其次，因为卡尔在争论中屡屡获胜，他开始渐渐轻视身边的伙伴，认为她们的智力不如自己。

我甚至发现儿子常常为了说服女孩们而开始撒谎。他们在争论的过程中已经变得不完全是为了问题的本身。为了获胜，儿子变得不择手段，甚至编造一些故事来欺骗她们。

两个女孩和卡尔一样，尚且年幼，她们的知识面都极为有限。单纯的孩子是很容易被欺骗的。潜在的危害就会随之而来。

一方面，卡尔从一个不撒谎的人变成了一个骗子，他的欺骗不是为了金钱或其他东西而只是为了能在争论中获胜。这会让他产生什么都能够通过欺骗得到的想法，这种恶习肯定会危害到他的将来。

另一方面，两个女孩子也成了受害者，她们从卡尔那里得到了许多编造的、错误的知识。这也会对她们产生不良影响。

由于卡尔本来就有比较多的知识，再加上他的气势和撒谎伎俩，所以使得他在任何情况下都能占上风。

如此，两个女孩对卡尔佩服得五体投地。最后，她们干脆什么事都顺着卡尔的意思。

到了最后，卡尔甚至能够随意指使她们做事，还常说她们太笨，一些低俗的语言也常挂在嘴边了。

3. 父母要和孩子成为天然的好玩伴

玩本身是一种运动，通过玩，能够增强孩子的身体素质，锻炼他的协调性。能够愉快孩子的情绪，振奋孩子的精神。但是，在玩的过程中，父母应该很好地指导孩子，否则就会发生我在前面论述过的种种不良问题。

没有童年的小伙伴，是否就一定意味着孩子失去了童趣呢？

我认为这是不太可能的。认为孩子没有玩伴就没有乐趣，这个想法十分错误。当然，孩子们在一起玩耍时，他们可以随心所欲，习惯上人们就是把这些叫作孩子们的乐趣。

可是这样的乐趣不如没有的好，在这个问题上，可以看作父母在一定程度上在推脱与孩子一起玩耍的责任。

做父母的如果可以理解孩子的心理，成为孩子的玩伴，其实孩子也同样会感到高兴，并且这是有益无害的。因为这种玩耍既不会让孩子任性和自以为是，也不会让孩子沾染上各种恶习。

让孩子们一起玩的话，就算对方是好孩子，这里面也有利弊，这一点我在前面已经阐述过。如果是坏孩子，弊害就更大了。

好孩子的好习惯如果能感染坏孩子，使坏孩子变好，这当然是很好的事，但遗憾的是，这种事在现实中根本就不可能发生，从善如登，从恶如崩，更多的只有坏孩子的坏习惯很快就传给好孩子。

为什么会这样呢？这是由于学习好习惯需要长时间的努力和自我控制，而坏习惯却无须任何努力，只要一放任自己即会沾染上。

从这个意义上说，有人认为学校是孩子的恶习集中场，这种说法是有一定的道理的。这种情形，在学生品质普遍不好的学校尤为严重。但是因为许多家庭都不具备让孩子在家里学习的条件，所以学校更应该投入更多的注意力，对学生在学校的生活给予严格的监督。

很多父母都认为孩子必须和小伙伴们一起才能高兴地玩，其实并非这样。父母如果能陪孩子玩，可能是孩子更加喜欢的事。但很多父母都没有意识到这一点，常常借口自己太忙或其他什么理由，然后轻而易举地推脱掉陪伴孩子玩耍的责任。

我常常这样想：父母的身体是锻炼孩子身体最好的工具，父母的肌肉能够给孩子补充力量。不是多数小孩子都喜欢在父母的身上爬来爬去吗！这可能就是孩子锻炼的方式。

父母的面容和声音都让孩子着迷，孩子常常惊奇于父母所做的工作和使用的东西，父母对孩子的关心和帮助就是给孩子最好的娱乐。

卡尔从小就很爱围着他的母亲转来转去，他对母亲使用什么东西都充满好奇，那是因为孩子对任何物品都会产生新鲜感。

在儿子几个月的时候，他经常去摆弄家里的盘子、木勺、杯子、小锅、锅盖，等等。他不是关心这些物品有什么用处，因为他根本不会使用，他只是关心物品的色彩、形状、重量和手感等。他还喜欢玩弄那些纸张、书本，这些都是他最好的"玩具"。

其实孩子很希望父母可以跟他一起玩游戏。我们为人父母，也应该有这份"闲情逸致"。有的父母没有意识到这一点，要么拒绝孩子的请求，要么随意中断和孩子正在进行的游戏。这样的负面影响很大，不仅影响了父母与孩子的情感交融，而且重重地打击了孩子参与游戏的积极性。

父母应该积极参与孩子的角色游戏，因为这样有利于孩子体验和认知某一角色的生活。父母应该经常鼓励孩子多多去观察日常生活，了解各种人物的活动，尤其要让孩子观察父母本身的日常生活。

父母要有意识地让孩子也尝试当当"爸爸"、"妈妈"，体验一下为人父母的滋味。这种滋味尽管是很肤浅的，但也千万不要忽视它，这更有利于让孩子真诚对待他人，更为体谅他人。孩子会从中体验为人父母的辛劳，从而不断地加深对父母的理解。

在教育儿子的过程中，我常常觉得在这种游戏之中，父母不仅是一个角色，而是一个主谋，我们要担当指挥行动的重任。

如果孩子违反游戏规则，父母要注意时刻提醒他，但千万不要让这些游戏半途而废。如果这样，会重重地打击孩子对家庭角色游戏的兴趣和积极性，后果通常是很严重的。

我可以这样说，卡尔之所以能够健康成长，还得到今天这些成就，其实很大程度上归功于我跟他玩这种父母与孩子的游戏。这不是我在过度褒扬自己，可事实就是如此。

对于不同年龄的孩子，"玩"对他的意义是存在差异的。"玩"的方法也是多变的和发展的。"玩"不仅仅在于"有趣"，而且还在于我们通过和孩子"玩",让孩子能够学习更多的东西,发现很多他认为奥妙的东西。我们知道,在玩的过程中,孩子可以运动到身体的各个部位。能够帮助他的各个感官的发展,能够开发培养孩子的智力和创造力。

我一直看着儿子长大,我每天都在观察他的一举一动。我发现,对于他来说,并非只有游戏才算是玩,在他的生活中,吃、喝、拉、撒、动,甚至睡觉都是一种玩。

在儿子有兴趣的时候,我总会让他玩个够,玩得尽兴。

玩是所有孩子的天性,很多做父母的都知道这一点。但是该怎么玩,玩什么,很多人未必有清楚的认识。很多父母让孩子"玩"得很盲目,为玩而玩。因为这种普遍现象,孩子本来能够从玩之中开发出来智慧和能力,被白白地浪费掉了。我们应该明白,孩子不能为玩而玩,而是要在玩的过程中,玩出个名堂来。

孩子的潜力是无限的,但是孩子的潜力绝对是父母诱发出来的。

孩子在玩的时候,充满了积极性和主动性。那时候,他们的大脑在飞速运动,思想在不断闪出火花,这时候,我们能更好地培养孩子的各种能力,特别是想象力和创造力,这是其他手段很难与之匹敌的。我们知道,"玩"有生活的影子,但绝不是照搬生活的经验,孩子会根据自己的认识和理解去改造生活。这时候,父母不应用条条框框去加以限制,不然孩子的创造力就很难得到充分发挥。

玩本身是一种运动,通过玩,能够协调孩子的动作,能够增强孩子的体质,能够愉快孩子的情绪,能够振奋孩子的精神。但是,在玩的过程中,父母应该很好地指导孩子,否则就会发生我在前面论述过的种种不良问题。

父母和孩子玩的时候,一定要仔细去观察他的一举一动,尝试去了解他的内心世界,即使孩子年纪还是很小我们也应该这样。

人们以为几个月的孩子什么都不懂,这是大错特错的。

在卡尔五六个月时,我就发现他也是有自己的情绪的。情绪好时,他浑身是劲儿,在床上翻来滚去,玩起来也很过瘾。他似乎从中感觉到了自己的力量，而且慢慢学会控制自己的力量。当他情绪不好时，他会情绪低落，如果此时父母再叫他玩这种游戏，他会觉得很不舒服，甚至认为自己无能。

孩子对生活的适应能力、反应速度远比父母想象的要慢得多，特别是在我们和孩子做游戏的时候。父母陪孩子玩的时候，一定要根据孩子的反应速度开展，而且，孩子会心有余而力不足。父母必须顺应他的反应，要保持耐心，否则就成了父母的独角戏。比如我和 6 个月的儿子说话，如果我一味不停歇地讲，或只停一下又继续道出长篇大论，他是完全弄不懂的。又如我递给他一个好玩的东西，他要观察许久才会伸出手来接。这时，我必须耐心等，把东西放在他的面前，直到孩子伸手来接，而不能不耐烦地直接把东西放在他的手里。如果我亲吻了他一下就转身离开他的视线，那么他就不会感到丝毫的乐趣，他可能很想给我一个微笑，但我没有给他足够的时间。所以作为父母，当我们要跟孩子玩，就应该给他足够的时间。

我认为，孩子的大部分时间都靠近父母度过，这样是最好的。因为这样的话孩子就能够时时得到父母的关爱，不断和父母交流感情。否则，孩子会感到非常孤独、厌烦，甚至感到不安全。父母要尽量避免这种情况。要是父母能够把孩子带到自己做事的地方去，叫他在那儿玩是非常好的。对于儿子，我和他的母亲都是常常鼓励他参与我们所做的事，我们也发现儿子非常乐意这样。

比如我在用水时，儿子看见也很想玩，我就让他积极参与。有时卡尔还会主动帮助母亲扫地、洗碗。在他的眼里，这些简单的家务事都变成了游戏。

每个孩子都是独特的个体，他们的适应能力各有不同。既能引起他的注意和兴趣而又不至于吓着他的，才是适合孩子的程度。有的孩子荡秋千时开怀大笑，有的则会被吓得大喊大叫；有的对催眠反应灵敏，有的孩子却显得毫无反应。因此，父母要尽量了解自己的孩子，看他的反应适合进行哪种游戏。

是否能发现孩子的个性可以体现父母的素质。

在我教育卡尔的过程中，我尽力让他事事愉快。因为我能理解孩子的心情，所以同儿子一起玩耍的时候，我和他都从中得到了许多乐趣。可以这样说，虽然卡尔的童年几乎是和他的父亲，一个成年人一起度过的，但他一直保持着孩子该有的天真童趣。

4. 了解与坏孩子玩的害处

让孩子们不经筛选地一起玩，即使对方是品质好的孩子也会有害处。但如果是坏孩子，弊害就更大了。这是为什么呢？正所谓从善如登，从恶如崩。一个人养成好习惯需要长时间地锻炼和学习，而坏习惯却会在任何时候沾染上。

我们作为成年人，都知道交朋友是件很慎重的事。我们应该用爱心去对待别人，也希望朋友都以同样爱心对待我们，而不愿意去和不好的人打交道。

成熟的成人有时也会受不良影响走上歧途，何况孩子呢？所以我一直主张尽量少让孩子去接触那些有坏习惯的人。

有的人会说，你这样做不是太自私了吗？你既然是上帝的使者，本应该去帮助那些有坏习惯的人。其实我也想这样做，但我知道改变一个人的坏习惯几乎是不可能的。其实每个人只要不放任自己，坏习惯自然会消失。

我的好友沃尔夫牧师却与我持不同的观点，他认为好孩子的好习惯是能够感染坏孩子的。我承认这是一个很美好的愿望，但事实是，这几乎是不可能做到的。

就这一问题，我常常和他讨论，但他始终坚持自己的观点。我觉得既然我不能用理论去说服他，那就只能让他看清楚事实了。

威廉是沃尔夫牧师的儿子，他接受的教育几乎和我儿子卡尔相同。我不得不承认，沃尔夫也是一位非常出色的教育家，因为他的儿子在很多方面确实不比卡尔差，无论是知识面、语言，还是品德，我认为威廉都表现得相当出色。

不过沃尔夫牧师与我不同的是，他常常鼓励儿子去和那些坏孩子交往，他告诉威廉，他应该去帮助那些有不好习惯的小朋友。

帮助别人，本来是一种美德。但在我看来，沃尔夫牧师的做法就显得太迂腐了，我认为他这样做，是对自己孩子极为不负责任的。

因为威廉对伙伴不加筛选，他开始渐渐地发生了变化。我曾经告诫过沃尔夫无数次，但他仍然对我的劝告置之不理，他始终坚持自己的观点，他坚信最终一定是他的儿子会改变那些坏孩子。

对于他的固执，我又有什么办法呢？

不该发生的事最终还是发生了。

沃尔夫牧师后来有好几次发现威廉很晚才回家，早已经超出了他规定的游戏时间。于是他问威廉原因，儿子告诉他，因为几个小朋友之间发生了矛盾，他试图去劝解他们，而且他还给他们讲一些《圣经》上关于友善的故事。

"原来是这样。"沃尔夫牧师相信了儿子的话，还为他的举动感到高兴。因为儿子这样的行为是他非常希望的，他觉得儿子能够帮助别人，真应该为他高兴。

可是他不知道，他被自己儿子的谎言深深地欺骗了。这也不能怪他，由于儿子威廉在此之前从来都不会说谎。善良的沃尔夫牧师怎么也不会想到他的儿子会渐渐沾染上那些坏孩子的恶习。

后来，当沃尔夫知道真相之后几乎气得昏过去。威廉所谓的帮助别人，实际的情况是，他们常常聚在村外的树林中偷偷赌博或着讲那些低级下流的故事。沃尔夫知道，赌博在农夫之中非常盛行，这是那些没有受过教育的人的乐趣，而那些下流的故事也一直流行于他们之中。可是，他完全没有引起重视。

威廉的那帮朋友几乎都是这些人家的孩子，他们的家长从来没有好好地教育他们，没有良好的教育，他们只能去模仿家人的做法，渐渐地，他们学会了许多坏习惯和低俗的语言。威廉天天和他们待在一起会有什么影响，那简直显而易见。

有一天，威廉气喘吁吁地从外面奔回家，一声不吭就跑进自己的房间。沃尔夫见他惊恐万分，赶忙去问他发生了什么事。

威廉一言不发，无论父亲怎样问他始终保持沉默。沃尔夫感到非常奇怪，他还以为是有人欺负了儿子呢。

"沃尔夫牧师……沃尔夫牧师……"门外突然有人叫他。

当沃尔夫牧师走到门外时，却看到了一个满脸怒气的农妇。

"沃尔夫牧师，您应该好好管教您的儿子，他太不像话了。"

沃尔夫很惊讶，他一直认为威廉是个好孩子。他到底做了什么事会让这位农妇那么生气呢？

"请问出了什么事吗？"他大惑不解地问。

"您的儿子带着其他的小孩来偷我们家的鸡，这已经不是第一次了。之前我们家的鸡常常无缘无故地失踪，我一开始还以为是魔鬼干的，但今天却被我发现是你的儿子威廉干的。您是牧师，你怎么能教孩子干这种坏事呢……"

原来，那些孩子有很多次指使威廉去偷农妇家的鸡，并一起在野外烤着吃。

我不知道沃尔夫知道了真相后会怎么想，但他一定会非常难过的。

后来，沃尔夫牧师最终只好承认我的观点是正确的，他再也不敢让儿子和那些坏孩子玩了。

5. 尽量让儿子和其他孩子进行有限的接触

在教育卡尔的时候，我不会完全制止他跟其他小朋友接触，而会在我的监督下让他们相互进行有限的接触。由于是有限接触，他们就会互相尊重，不会串在一起干坏事。当然前面那些坏处也就避免了。

我之所以让儿子与其他孩子少接触，是因为这样能使孩子心态平和地处理一些事情。

　　因为儿子在家里没有争吵的机会，所以就不像别的孩子那样容易激动。

　　不管怎样坏的孩子，都不能让我儿子发怒发狂。大多数孩子都喜欢他，他从不吵架，现在儿子已长大了，他从未跟别人吵过架。

　　儿子在大学学习的过程中，经常就学问上的问题和同学们交换意见，但绝不会伤害他们的感情。因为儿子与同学们相比年龄小得多，其他同学很容易嫉妒他的表现，但由于他坚持真理，以理服人，也自然得到了很多喜欢他的朋友。他们中有的人和儿子非常亲密。我知道这些情况后常常流下眼泪，从心里感谢这些可爱的青年。

　　在小卡尔的成长过程中，我也没有完全禁止他和其他孩子们一起玩，而是提倡在我的监督下让他们进行有限的接触。因为接触是有限的，他们会互相客气和包容，就不至于串通一气去干坏事。当然前面提到的那些弊害也能够很好地避免了。

　　有一次，卡尔的姨妈带着儿子海因里希来看望我们。因为姨妈一家常年住在汉堡，所以卡尔与表兄海因里希可以说从未见过面。

　　海因里希比卡尔大两岁，当时已经是小学四年级的学生了。由于海因里希接受的教育比较好，是一个知识丰富的孩子，所以他们一见面就成了好朋友，也找到了很多共同的话题。

　　尽管他们都是有教养的孩子，但毕竟还都是两个不太懂事的孩子。相处时期一长，他们也渐渐产生了许多矛盾。

　　因为我不喜欢太多过问孩子之间的事，所以一开始也没有去管他们。

　　一开始的几天，他们只是互相不搭理，可有一天，他们突然在院子里打起架来。

　　我和妻子以及卡尔的姨妈马上跑过去将他们分开，然后问了原因，才知道原来他们为了争论某一个历史事件才打起来的，他们各持己见，谁也不能说服谁，所以最后只能通过打架来解决。

我想，如果没有大人在场，孩子们之间发生这种不愉快的情况时，一定会向更恶劣的情况发展。

幸好，那天我们都在场，在劝解和教育下，卡尔和海因里希都认识到了自己的错误，承认靠武力解决问题是错误的做法。

所以没多久，两个孩子又和好如初了。

我对儿子玩伴这样的限制，结果证明效果非常好。因为他没有沾染上恶习，就不会同别的孩子争吵或者打架。即使有的孩子向他恶意挑衅，他也能巧妙地避开。所以，凡是和卡尔接触的孩子，很快就会喜欢上他。

我曾经带着儿子去过好多地方旅游，回来时，当地的那些孩子常常在依依惜别的时候因为舍不得卡尔而流泪。

我可以根据自己的经验断言，那些认为孩子没有玩友就没有乐趣，并一定会造成精神颓废变得孤僻的说法都是错误的。

我不认为就因为孩子喜欢同孩子们一起玩，所以作为家长的必须这么做。

6. 我认为儿子在玩具中学到的知识有限

孩子如果只有一个拥有玩具的童年是十分可悲的。很多人都没有那段短暂的宝贵时间去发展孩子的智力，只懂得让孩子无聊地玩耍，那些玩偶虚耗他们的美好时间，这对孩子来说简直就是一种摧残。

大多数父母之所以给孩子买玩具，一方面是由于孩子禁不住玩具的诱惑，常常在购玩具的场所一哭二闹要求父母买，这时候，很多父母碍于面子或照顾孩子的自尊心只得给孩子购买，另一方面则是父母为了让孩子玩玩具打发时间。

我认为这是极端错误的行为，应该受到指责和批评。有些父母把玩具交给孩子之后就再也不会理会他们了，那更是错上加错，可以这么说，这种行为对孩子极其不负责任。

我几乎从来没有给卡尔买过什么玩具，因为我认为儿子在玩具中学不到什么真正的知识。

别的孩子玩玩具的时间，我都会用来教卡尔读书或观察事物，而且卡尔本人也非常乐意这样的生活。卡尔从小就懂得在书本和自然之中找到乐趣，所以他根本没有必要用玩具打发时间。

有时候孩子的心情不好，他们就喜欢拿玩具或周围的东西出气，谁都清楚这是一个多么可悲的后果。

让玩具陪伴孩子度过童年是一件很可悲的事。很多人都没有利用孩子幼儿时期那短暂的宝贵时间去发展孩子的智力，只懂得让孩子整天处在无所事事之中，那些玩偶白白地虚耗他们的美好时光，这对孩子来说简直就是一种摧残。

让孩子和玩具在一起度过童年，不仅仅是浪费宝贵的时间，很多情况下，孩子还会养成一些很难改掉的恶习。既然孩子能够破坏玩具，那么他们就能够破坏其他的东西，一个从小喜欢破坏东西的孩子，那么他长大之后就很有可能成为社会上的不良分子。

你让孩子有机会在玩具身上出气，那么他也能够对身边的人任意撒气。这样会直接导致孩子傲慢的坏性格，他们成年后也不能和别人好好沟通。他们很可能会一切以自己为中心，对他人毫没礼貌，甚至毫无理性。

有个出生在一个非常富足的家庭的女孩。她长得很漂亮，也非常聪明伶俐，是我们这一带很有"名气"的小姑娘。由于她天生可爱，又是一有钱人家的女儿，所以很多人都喜欢她。

她的父母更是把她当作掌上明珠。

凡是去她家拜访的人都会给她带去最好的玩具。据说，那些做工精美且价格昂贵的洋娃娃就有上百个。

这个小女孩可以说是每天生活在玩具的世界之中。

我曾经告诉过她的父亲，不要让您的女儿花太多的时间在玩具上，应该尽早地对她实施教育。可她父亲对我的话不以为然，他说现在就让孩子学习似乎太早了，等她长大些后再说吧，而且他还嘲笑我说："威特牧师，听说你正在培养什么天才儿童呢，你什么时候带来让我瞧瞧吧……你可要小心了，别把你的宝贝儿子培养成书呆子了啊！"

对于这样的父亲，我还能说什么呢？

后来，我听人们说起那个小女孩。由于她的玩具太多了，所以她一点也不爱惜它们。她常常把那些洋娃娃扔在路边的小沟里，有时甚至用小刀之类的东西把洋娃娃割得七零八落。她每次一发脾气，就喜欢把玩具摔在地上用脚使劲地踩踏。

当家里的人教训她时，她甚至凶狠地威胁父母："我会用刀杀死你。"

有一次，她不喜欢佣人做的饭菜，便记恨在心。吃饭时她一直沉默着，只是在饭后悄悄藏起一把小刀。

第二天，当那位善良的女佣正在厨房做饭时，小女孩趁其不备突然将那把小刀插进了她正在洗菜的手上。

女佣顿时大叫起来，鲜血立刻从她的手背上流了下来。而且，小女孩还没有因此而有所顾忌，她还大声嚷嚷："你做的菜实在太难吃了，是不是你的手太笨了。"

当我听说了这件事后，我感到非常的痛心。她从前是一个多么可爱的小女孩啊！怎么会变得如此无理和残忍。这种事情的发生，我只能怪她那不负责任的父母。他们不知道孩子的这种性格会严重影响到孩子的未来。我不知道她的父母对这件事有什么想法，但我真的希望他们能好好反思一下，要学会合理地教育孩子。

玩玩具产生的种种不良结果，如像小女孩那样的行为会成为一种习惯，而这些坏习惯将会严重影响孩子的一生。

我几乎从来不给卡尔买玩具，但没有让他失去童年应该享有的乐趣。就像前文阐述的那样，我采取了很多有益的办法，既能让孩子开心地玩耍又能开发他的想象力，同时还从中学到了很多书本上没有的知识。

为了让卡尔在玩耍中增长知识，我特意在房屋外的院子里为他修了一个大游戏场。在上面铺上了60公分厚的沙子，还在周围种下许多花草树木。因为沙子铺得很厚，下过雨马上就干，就算卡尔跌倒在上面也不会弄脏衣服。

卡尔常常尽情地发挥他的想象力，坐在那里修城堡、挖山洞。也时常在那里观察花草树木，培养他对大自然的感情。

我认为让孩子接受自然的熏陶是最重要的教育。孩子从大自然中得到的乐趣比那些花钱买来的玩具要多得多。

我也曾经为儿子买过一套玩具，但那不是一般的花哨东西，而是一套小小的炊事玩具。尽管卡尔还是个小孩，但他总想尝试大人想做的事情。尤其对厨房的活儿。有些父母觉得孩子这种癖好太琐碎而反对，有些父母甚至对此觉得非常厌烦，他们认为这些喜好埋没孩子们的天性。我可不这样认为，因为我觉得，对于儿子的这种喜好，如果我能好好引导，就能让他的知识极大地增长，并且还能培养他热爱劳动和锻炼他亲自动手的能力。

7. 在游戏中体味人生

我认为这种游戏对孩子有很多好处：首先能够满足孩子的好奇心和求知欲；也能够锻炼孩子独立性、主动性和创造性；能够提高孩子的记忆力、观察力、想象力和判断力，并且能够丰富孩子的内心世界，还有利于增强孩子的语言能力，训练孩子的表达能力。

对我来说人生里最大的幸运莫过于我拥有一个这样的好妻子。她是一个善良而聪慧的女人，在教育卡尔的过程中，她倾注了大量的心血，也是一个非常能干而有责任心的母亲，卡尔能有这样的母亲，是他人生中最大的幸福。

我给儿子买了那些炊事玩具后，卡尔的母亲与其他孩子的母亲不同之处在于，她不是把玩具交给卡尔然后就撒手不管了，而是借着这个机会进一步开发他其他方面的潜能。

卡尔的母亲习惯一边做饭，一边耐心地解答卡尔提出的各种各样的问题。并且每天还监督卡尔，让他用炊事玩具学着做饭和从中寻找知识的乐趣。

有时，卡尔会扮演主妇的角色，他的母亲当厨师，然后卡尔就给母亲指示各种事情。如果卡尔下达的命令没有掌握要领，那就要降级为厨师。

这时，当上厨师的妈妈就会发出各种命令，例如命令他做某种菜、去菜园里取某种佐料等。

如果卡尔拿错了材料，那么他就连厨师也当不成了，只好被"解雇了"。

我常常听到卡尔的母亲给我讲她和儿子之间发生的各种趣事。

有一次她对我说："有时让卡尔当妈妈，我当孩子，那样真有意思。这时卡尔就给我下了各种命令，而我故意做不好又或者不做。如果卡尔没有看出来，那他就失去了做母亲的资格。但是很多情况下，卡尔都能看出来，还一本正经地给我提意见。那时候我就会说：'请原谅我，今后一定注意。'有时我也故意不认账，这时卡尔就会用我斥责他时所用的语气来训斥我。"

"还有的时候，我让卡尔当我的老师。当我故意把卡尔讲得很成功的地方说得很不好的话，他一发觉了就会严肃地批评我。"

我认为，这些游戏能让孩子在以后的生活中减少很多错误。

类似这种演剧式的游戏还有很多，导演当然是他的母亲。而且有时他们还会将这些游戏深化。比如，他们会演绎经典的故事或者书本上的某个历史事件的情节。

有时还会在周游过的地方，进行"旅行游戏"等等。通过这些游戏，我们又教会了小卡尔许多有关地理和历史等方面的正确知识。

不仅是卡尔的母亲，其实有时我也会和儿子玩类似的游戏。当然不是去扮演主妇厨师，而是扮演将军或士兵，儿子在这些游戏之中总会有一定的角色和位置。有时，他是一个威武的将军，来指挥命令我这个士兵；一会儿，他又会变成一个被我指挥冲锋陷阵的士兵。

卡尔根据自己的体验和理解，总是把那些角色演绎得灵气活现。他的扮演充满了想象力和自主性，并且还会按照他的想法去装扮成不同性别、年龄、身份或职业的人。

我认为这种游戏对孩子有很多好处：首先能够满足孩子的好奇心和求知欲；也能够训练孩子独立性、主动性和创造性；能够提高孩子的记忆力、观察力、想象力、创造力和判断力，并且能够丰富孩子的内心世界，还有利于增强孩子的语言能力，训练孩子的表达能力。

书本中的故事或童话对孩子有很大的吸引力，可以说是孩子的智慧源泉。所以我常常引导儿子通过自己的理解把这些故事演绎出来，有时我和他的母亲也会加入。那是非常有趣的事，连我玩起来都觉得很开心。

这种游戏能够帮助孩子加深对故事的理解，而且还能够开发孩子的创造力。在游戏中，儿子演绎成种种不同的角色，用不同声调或动作去呈现出一些优秀的作品中的人物。这会对他各方面都产生许多有益的影响，特别能够启迪他美好的心灵。

我和儿子进行这种游戏的时候，我会选择一些适合孩子表演的故事。这类故事的内容健康，语言优美，情节生动，角色鲜明，表演起来也比较容易。为了方便儿子理解和记忆，我会特别选择一下情节和主线都比较简明的故事。一般来说，选择的故事里面对话很多，以培养他的语言能力。在表演之前，我会把故事的情节给儿子讲清楚，让他明白扮演角色的语言和动作以及整个故事和其他角色。我认为这有益于加深他对故事的理解。

我让孩子参加准备工作并为他创造一种环境和气氛来调动他的表演积极性。我常常告诉他，不要太拘泥于故事本身，要发挥思考大胆想象，自由处理。有些无法表演的东西，如爬山、过河等，我就教他用象征性的语言和动作来表演。

为了让孩子玩得更有趣味，我还制做了许多形状各异的木块，他会用这些木块盖房子、修塔、建教堂、架桥、筑城，等等。由于建筑游戏需要孩子仔细动脑筋，因此这些游戏非常有利于孩子的智力开发。

不仅如此，用木块进行建筑游戏也能够培养孩子的毅力。

有一次，卡尔花了很大的功夫才好不容易用木块搭起了一座城堡，那里有房屋、城门和城墙，还有一条精致的小桥。

当他正准备来叫我去看时，由于太激动，不小心将他衣服的一角在城堡的一个高高的钟楼上扫了一下。钟楼顿时坍塌下来，还把其他的建筑也砸坏了，而且毁坏了他精心搭建的那座小桥。顷刻之间，他的杰作变成了一个废墟。

我看见他的时候，他正愁眉苦脸地坐在那里发呆。我看到那些东倒西歪的木块时，其实心中已经隐隐知道发生了什么事。

"爸爸，我的城堡被毁掉了，是我不小心毁掉了。多可惜啊！它本来很美……"卡尔说着说着都快要哭出来了。

我问清情况后对他说："儿子，既然是你不小心弄坏的，就没有理由抱怨，也不应该难过。你亲手做了第一次，为什么不能做第二次呢？说不定做好的比原来的会更加好呢？"

卡尔顿时欢欣鼓舞起来。

其实我知道，这话说起来很容易，做起来实在难，因为卡尔搭建的是一组很复杂的建筑群。如果要他做第二次，就一定要有很强的耐心和毅力不可。但我坚信儿子能够做到。

不出我所料，卡尔最终完成了，他还邀请我去欣赏他的作品。我看了非常吃惊，简直没有想到他竟然会做得那么精确完美。

"爸爸，我认为这个比前面那个做得要更好一些，因为我在做第二次的时候又修改了不少，而且做得也快了许多。"卡尔自豪地对我说。

这种结果是肯定的，只要孩子建立起自信心去做第二次，那么就会有更好的成果，因为他在第一次中已经积累了丰富的经验。

除此之外，我还教儿子做模仿各种人物的游戏。我在那个时期所做的努力，通过游戏让儿子的各方面都得到了发展。

我认为，与孩子游戏绝对不可胡来，应当让他尽量动脑筋去思考。这样孩子就不会感到无聊，更加不会借此哭闹滋事。

虽然卡尔的玩具很少，但是不管冬天有多漫长，他都不会觉得无聊。他能利用这些非常有限的一点玩具，每天愉快而幸福地玩耍着。

8. 我和儿子的各种游戏

为了让孩子发展各方面的能力，我给他专门搞了一个运动场，那里有各种可以锻炼他身体的丰富的器具。我认为，孩子做游戏要确立明确的目标，必须让他在身体和精神等方面都能够成长起来，不能白白浪费他们的精力。

我认为，家长要利用游戏培养孩子各方面的能力，丰富他们的生活。

当孩子哭时，多数父母的做法是给吃的不让孩子哭。这些父母不厌其烦地多次干这种事。我对这些父母的做法深感气愤，这些做法是极大的错误。其实孩子的乐趣绝对不只是吃喝，孩子还有视觉和听觉的乐趣。在小时候，每次卡尔哭，我的妻子总是给他颜色好看的物品或是敲钟给他听，然后卡尔慢慢地就不会哭了，孩子吃喝过多，只会变得迟钝，并易生病。

为了让孩子发展各方面的能力，我给他专门搞了一个运动场，那里有各种可以锻炼他身体的丰富的器具。我认为，孩子做游戏要确立明确的目标，必须让他在身体和精神等方面都能够成长起来，不能白白浪费他们的精力。

用游戏来发展孩子各方面的爱好也是非常必要的，通常也容易开展，因为这是孩子的本能。我和儿子就常常做蒙眼睛的游戏，事实上，几乎所有孩子都喜欢这个游戏。具体的玩法是把孩子的眼睛蒙上，然后给他各种物品让他猜是什么。另一种玩法是蒙上眼睛，让孩子在屋子里到处摸索，让他猜出摸到的每一样事物，这类游戏能有效地发展孩子的触觉。

我们也做一些数数的游戏来发展儿子的视觉，我把几颗棋子放在桌上，让卡尔看一下就要说出数字。我利用一切机会和儿子玩这种游戏。在饭后，孩子见到盘子中的水果，我马上问：这是几个？或在走路时，见到路旁的东西，我就问：那是几个？或者在另一间屋的桌子上放着的各种物品，让他看一眼就说出那是什么东西。这种游戏能够让孩子视觉灵敏，并发展记忆力。

为了训练卡尔的判断力，我在和他出去走动的时候，总是让他在前面领路，带着我走以前去过的地方。经过这种训练，儿子从 18 个月时起，就能带他的母亲和女佣去许多地方。

训练视觉的游戏有很多。我经常问儿子室内的某一件东西，告诉他物品是红色的，让他猜猜是什么。儿子会猜字典、花、桌布，等等，每次猜上三次或五次，必须在规定的次数内猜对。如果猜不着，就轮到他说而我猜了。

我们还作乘法口诀的游戏。把 "5×7" 或 "8×9" 写在口诀卡片上。把这些卡片字朝下堆起来，然后一张一张地往外抽，抽出一张翻过来看，让他尽快地说出结果。如果不能马上说出或说的不对，我便说出结果，并把说对的卡片拿走。

为了让儿子学会控制身体，我还和他做 "模仿铜象" 的游戏。我让他摆出某种固定姿势，然后开始数数，让他在规定的时间内不许动，这样做的目的就是能让他学会控制自己的肌肉。据说希腊人很喜欢玩这种游戏，所以他们的动作可以那么优美。

我还教儿子搞园艺。这样不仅让他高兴，而且能够促进智力发展和身体健康。在卡尔刚会走路的时候，我就会给他买来许多小铁锹和小铲子，在院子的一角为他开辟一个小园地，教他播种、栽花草、除杂草和浇水的方法。这些简单的劳动，儿子会当作是一种非常有趣的游戏。通过搞园艺，让他产生新的兴趣并养成劳动的习惯和忍耐精神。

我在前面提到的卡片游戏是从纸牌游戏中发展来的，这类游戏有很大好处，既能提高孩子的记忆力，又能让他动作敏捷。我把儿子所有的功课：历史、数学、语言、地理等都编成卡片，和儿子一起做游戏。让他在这种游戏过程中轻松愉快地学习各种知识。

第十一章 我时刻注意夸奖儿子的优点

有时我会奖励儿子让他继续保持他的良好行为。这样鼓励儿子，他会知道什么表现会让我愉悦，然后对自己良好行为感到满足和高兴。

美好的东西总是让人怀念。夸赞能让孩子拥有好心境，留下美好的印象，从此激励自己不断前进。

自信和信心息息相关。作为家长，通过有效的夸奖能够很容易培养起孩子的自信，自信就是自己相信自己。无论成人或者小孩，无论他们做什么事情，如果不相信自己的能力，最终都将一事无成。相反，如果一个人充满自信，那么无论他做任何事情都会百折不挠，最终获得成功。

我总会在卡尔做了好事之后毫不吝啬地夸奖他一番。这时他总会心情愉悦，信心百倍。我认为只要孩子表现出好的一面，做家长的就不应该吝啬夸奖。即使孩子有的地方表现得不太好，也不能去讽刺责骂。甚至孩子有时候做错了事，只要他诚心地改正过来，我们应该既往不咎。

任何人都有成功和失败的时候，在现实当中，失败通常比成功更多。孩子失败了，父母不要说"我就知道你肯定做不好"这类的话，而是要帮助他从失败中吸取教训。

1. 信心的源泉在哪里

自信就是自己相信自己。无论成人或者小孩，无论他们做什么事情，如果不相信自己的能力，最终都将一事无成。相反，如果一个人充满自信，那么无论他做任何事情都会百折不挠，最终获得成功。

美好的东西总是让人怀念。夸赞能让孩子拥有好心境，留下美好的印象，从此激励自己不断前进。

"你是非常聪明的孩子，你的表现非常好。"这是我在教育卡尔的时候用得最多的一句话。每当儿子遇到什么困难和挫折时，我总是用这么一句世上最美的语言来帮助他摆脱内心的苦恼。

每当儿子感到痛苦和失落之时，我会对他说，"你一定行的，我相信你。"儿子毕竟是孩子，他还太弱小，在他的生活中会遇到许许多多的难题，我应该尽可能地帮助他和支持他。每个人都会有失落的时候、失去信心的时候。只要儿子对自己有信心，他才能在未来的人生之中接受一切挑战，才会拥有幸福的人生。

孩子的信心必然来源于父母有效的夸奖。孩子需要夸奖，需要鼓励。"夸"不仅仅表明了父母对孩子的信心，同时也坚定了孩子对自己的信心。只有孩子对自己充满信心，父母才能培养出优秀的人才。如果从一开始我就不相信卡尔，那我简直不能想象儿子如今会变成什么样子。

卡尔刚开始写作的时候，对自己没有一点信心。当他战战兢兢地把文章递给我时，我就看见了他眼中的不安。我读完他写的文章后，发现那篇文章实在糟透了：问题没有交代清楚，句子也不完整，而且还有很多错别字。我应该怎样去评价它呢？因为我感觉得到儿子对写作缺乏自信，所以我不能简单地说一声"不好"就能解决问题。在我沉默的时候，儿子流露出忧伤的眼神。可他没有想到，我跟他说了一句令人兴奋的话："很不错儿子，这是你第一次写作，爸爸刚开始写作的时候比你差远了。"这时，儿子的眼光中闪烁出兴奋的光芒。

不久，儿子写好第二篇文章时，水平跟之前已经是天壤之别了。

"自信"是信心的基础。没有自信谈不上什么信心，通过有效的夸奖能够很容易培养起孩子的自信。

自信就是自己相信自己。无论成人或者小孩，无论他们做什么事情，如果不相信自己的能力，最终都将一事无成。相反，如果一个人充满自信，那么无论他做任何事情都会百折不挠，最终获得成功。

我在对儿子的教育中深深地体会到：最重要的教育方法就是要鼓励孩子去相信自己。

时至今日，卡尔在各方面都获得了可喜的成就，他当然是一个自信的人。但我想说的是，他的这种自信不是天生的。实际上，他在小时候并不是一个非常自信的孩子。

记得在卡尔大约五岁的时候，因为我发现他在唱歌方面颇有些才华，便想把他推荐给唱诗班的威勒先生。

威勒先生是学生们的音乐教师和指挥。他得知我的打算后非常高兴，并马上要我把卡尔送到他那里接受训练。

我在为卡尔安排一件事时，每次都会征求他本人的意见，这一次也不例外。

当我把这个想法告诉他后，卡尔显得有些为难，他觉得他不适合参加这种活动。而且他的理由很简单，他认为这种活动会影响他正常的学习。

虽然卡尔说出了一个我完全能够理解的理由，但我知道，真正的原因不是这个。其实他很想参加，只不过不自信罢了。这是他后来与我的谈话之中流露出来的。

在我的劝说下，卡尔最终答应试一试。按照惯例，每个加入唱诗班的孩子都必须通过考核。于是，威勒先生便在一个星期日为卡尔安排了考核。

威勒先生给大家介绍卡尔之后，便做好准备为卡尔的演唱伴奏。

　　可是，在威勒先生的风琴声响起了很久，卡尔还是没有唱出一句，他表现得太紧张了。看到这样的情形，我请求威勒先生暂停，并把卡尔叫到了一边。

　　"卡尔，你为什么不唱了呢？"我问儿子。

　　"我唱得不好。"卡尔小声地回答。

　　"你还没有唱，为什么就说自己会唱不好？"我知道卡尔一定没有足够的信心，便鼓励他道："你知道威勒先生为什么要把考核安排在星期日吗？那是因为他早就知道你唱歌很棒，所以才故意在礼拜日进行考核，让大家都来听，并且还要让那些已经是唱诗班成员的孩子们不小瞧你这个新来的学生。威勒先生曾多次对我说，如果卡尔来了唱诗班，那么唱诗班的歌唱水平一定会大大提高呢！"

　　"真的？"听我这样说，卡尔一下子就来了精神。

　　于是，卡尔充满自信地站在风琴前。那一天，他唱得的确太棒了。

　　卡尔为什么会有这么巨大的变化，很显然，这是鼓励的作用。

　　我认识很多这样的父母，他们对自己显得妄自尊大，但对孩子却缺乏应有的尊重。婴儿、幼儿，虽然现在还小，并不明白什么叫自尊，但他们却拥有自尊心。他们会非常敏锐地感触到父母对他们的情绪。对于父母的抚爱和夸奖，他们会用微笑和撒娇加以回报；对于嘲弄和漠视，他们便会用发怒和任性来加以回应。

　　任何家长体罚孩子或者对孩子不公平，孩子都会以自己所特有的手段来回应，他们会哭闹，或者任性，甚至干一些"坏"事来加以回报。

　　我时时反省自己，在教育的过程中，有没有足够尊重卡尔。我在卡尔的成长过程中发现，如果作为家长的，可以认真调整对孩子的态度和做法，那么孩子的任性很容易被克服。

　　以上面的事情为例，如果我看到卡尔的文章觉得不尽如人意，马上就把他否定了，甚至骂他"笨"、"蠢"，这样就会伤了儿子的自尊心，更会毁掉了他的自信心。恐怕他以后再也不敢用笔写文章了，那我就亲手扼杀了他的一种才能。

评价事情总有个优良中差之分。卡尔得了"优"，我肯定要夸他一番，更增加了他的信心。得"良"、"中"，夸奖也是必要的，能够找找差距，但重要的依然是夸。即使孩子做得很差，也要善于夸奖，不要让孩子有世界末日的感觉，多帮孩子找一些原因，关键是要找出孩子闪光之处给予他们夸奖。在这种时候，千万不能让孩子失去信心。

美好的东西总是让人怀念。夸赞能让孩子拥有好心境，留下美好的印象，从此激励自己不断前进。

我总会在卡尔做了好事之后毫不吝啬地夸奖他一番。这时他总会心情愉悦，信心百倍。我认为只要孩子表现出好的一面，做家长的就不应该吝啬夸奖。即使孩子有地方表现得不太好，也不能去讽刺责骂。甚至孩子有时候做错了事，只要他诚心地改正过来，我们应该既往不咎。

任何人都有成功和失败的时候，在现实当中，失败通常比成功更多。孩子失败了，父母不要说"我就知道你肯定做不好"这类的话，而是要帮助他从失败中吸取教训。

2. 孩子的天赋是方方面面的

很多父母不懂得孩子天马行空的想象，这是由于他们心目中有许多条条框框，并且经常用这些规矩去扼杀孩子的想象力和创造力。我认为，孩子的创造力之所以丰富，就是因为他们的脑袋里没有什么条条框框，而且他们根本不想受条条框框的限制。

父母要善于发现孩子方方面面的天赋并为之提供良好环境。只要父母能够发现并及时加以夸奖，孩子都是会被培养成才的。孩子的潜能是否能最大限度地得到发挥，关键在于父母而不是孩子。只要父母及时发现孩子的潜能并夸奖他的天赋，孩子定会扬帆前进。在对儿子卡尔的教育中，我深深地感到了这一点。

孩子其实一生下来之后就进入一个学习的过程，逐渐形成了长处和短处，让孩子扬长避短，优先发展，是每一个父母的神圣责任。

孩子如果对音乐有天生的兴趣，那么听优美的乐曲能够让孩子的大脑得到有效的训练。如果孩子对音乐节奏非常敏感，对音乐很入迷，那么这个孩子很可能有音乐天赋，作为父母的就应该提供更多的"音乐奖励"，孩子一表现哪方面的兴趣，父母就应该用各种方式进行"奖励"。

孩子的绘画才能体现在分辨各种颜色，如果孩子对颜色表现出很大的兴趣，并且经常在地上、墙上涂画各种东西，那么这个孩子就很可能有绘画的天赋，父母就应该帮他购买画笔、颜料和纸，鼓励孩子多画画，还应该带他去欣赏大自然的风光，开阔孩子的视野。这些都算是对孩子的奖励，对于开发孩子的天赋非常有益。

喜欢说话、背诵、讲故事是孩子具有语言天赋的表现。如果孩子说话特别早这就应该引起父母的重视。孩子的语言天赋除了天生的原因，很大程度上是后天训练而成的。父母经常与婴儿"说话"，尽管他可能不会说话，但至少能够激起他对语言的兴趣。

语言能力是人的最基本的能力，因此，父母对此要给予孩子"夸奖"。孩子小时候说话多，长大了肯定会变得能言善辩。父母绝不能讥笑孩子发音不准或者用词不当，应该在他说话的时候加以引导，给予相应的鼓励。

家长要明白，孩子说错了话是完全正常的，他们不说错话才奇怪呢？只要孩子积极说话就应该鼓励。

卡尔在 9 岁时就能熟练地运用语言翻译意大利语、拉丁语、法语、英语以及希腊语，他的才能很大程度上要归功于我对他年幼时的夸奖。

对儿子的教育，我把培养他的想象力放在最重要的位置，往往把它看得比知识更加重要。不少人教育孩子，总是不断向孩子灌输各种知识，却忽视他们的想象力。我不主张只把学习知识作为教育孩子的目的，而是主张学习知识作为一种手段，让孩子通过学习知识去开发他们各个方面的能力，培养他们的素质。

想象力没有具体的目标只在具体活动之中才能够有效进行。孩子越小，这一点就显得越重要。

每当儿子在扮演古代骑士、模仿小鸟时，我知道这是他发挥想象力的表现，在此时我往往夸奖他做得很好，这种效果是不言而喻的。这样孩子年龄越大，他的想象力就越丰富，越独特。

喜欢听故事似乎是孩子的一种天性。他们会不厌其烦地让父母跟他们讲一个相同的故事，并且经常在父母讲故事的过程中查漏补缺，有时甚至添油加醋。这是一个普遍现象，父母应及时鼓励孩子，夸孩子有想象力，即使补得不对，加得多么不合理，也千万不要打击他们的积极性。

儿子有时会虚拟一些并不存在的事情，尽管有时候漏洞百出，前后矛盾，我也没有认为他是在说谎，我尽力给他想象的事情填补漏洞，化解矛盾。父母的责任应该是夸奖他们的想象力，并引导他们继续想下去。

通过对儿子的诱导和夸奖，我发现他的想象力越来越精妙也越来越发达。

很多父母常常不理解孩子的大胆想象，这是由于他们心目中有许多条条框框，并且经常用这些条条框框去扼杀孩子的想象力和创造力。

我认为，孩子的创造力之所以丰富，就是因为他们的脑袋里没有什么条条框框，而且他们根本不想受条条框框的限制。

有一天，家里来了一位客人。他看见卡尔用蓝颜色画一个大大的圆圆的东西。

他问卡尔："孩子，你画的是什么啊？"

卡尔回答道："是一只大苹果。"

朋友说："那你为什么要用蓝色呢？"

卡尔回答："我认为苹果应该用蓝色。"

于是朋友对我说："我的老朋友，你应该教教孩子了。他竟然用蓝颜色画苹果，你应该告诉他那是不对的。"

我却感到很惊讶，说："为什么呢？我为什么一定要告诉他苹果是红色呢？我认为他画得很好，说不定孩子今后真的会栽培出蓝色的苹果呢。苹果是什么颜色，等他吃苹果的时候自然会明白的。"

孩子的创造力就是在不断地夸赞中培养起来的。如果用对待成人的标准去要求孩子，那么孩子的一举手一投足都有许多不合"规矩"的东西，如果"纠正"孩子的不合"规矩"的行为，那么孩子的创造力就不断消失了。

卡尔小时候，我就常常发现他趴在地上，然后聚精会神地观察两只蚂蚁是怎么搬一颗饭粒，这是因为他的好奇心，通常这些时候我都绝对不会去打扰他。他有时还会把观察后的结果告诉我，说那只蚂蚁怎么了，另一只蚂蚁又怎么了。这时，我肯定会夸奖他观察得很仔细。

夸孩子的好奇心，对孩子创造力的培养非常有益。通过夸奖能够让孩子的好奇心更强。我常常把儿子引向大自然，让他去观察花草鸟虫，去遥望满天星星、闪电雷鸣、阴晴雪雨、日升月盈、昼夜交替，他会不断地向我提问。

父母不能对孩子的好奇心感到厌烦，而应该加以保护，并且善于把这种想象力引入恰当的轨道。这种夸奖，能把孩子带进知识的海洋，让孩子读书籍，做手工，搞实验，孩子便会感到无穷的乐趣。

3. 教孩子学会如何面对失败

所以无论儿子做什么，只要他不违反一些重要的原则，不伤害自己和他人，我都尽力支持他去闯去干，极力鼓励他去试。我想，只要他习惯了面对困难不怕失败，再加上我正确的引导，一切都会成功。

在生活中，我们常常会看到一些对自己没有信心的人；他们无论做什么事都畏畏缩缩，不敢自己做决定，任何事都不想领先他人。很显然，这些人缺乏自信。他们之所以不自信或者焦虑完全是因为他们极其害怕失败。

我们都知道，我们的人生道路上难免会有很多失败，但是如何面对失败就成了每一个人必须要做的事。对于小孩子来说，首先应该敢于面对失败，如何面对失败，这往往是他们长大后是否获得幸福的关键。

有些孩子在做某件事失败后，就会有心理压力。这样一来，他本来能够做好的事也变得无法完成。

遗憾的是，有些父母在孩子失败从而产生害怕心理的时候，他们不仅仅不鼓励孩子反而责怪他，说他"太笨"、"太蠢"，这样做的结果不但不能帮助孩子鼓起勇气面对失败，反而让他的心理压力越来越大。

我想，在孩子遇到困难或在做某一件事失败之时，宽容地对待他和帮助他找回自信是父母应尽的责任。

从我的经验来看，宽容就是让孩子勇于面对失败的最好办法，也就是说在特定的情况下允许孩子失败。

为了让卡尔从小就有健康的身体，我除了平时注重锻炼他的身体，还经常和他进行有趣的体育活动。

有一次，我为卡尔和他的小伙伴们专门组织了一次射箭比赛。虽然孩子们都是首次玩这种运动，但其中有好几个孩子都射得非常准，就连我也为他们的运动天赋惊叹不已。

可是，一向聪明的卡尔却表现得很差劲，他射箭的动作笨手笨脚，不是对不准靶心就是掌握不好力度。当卡尔看见小伙伴们一次又一次地命中目标，他开始灰心了。

卡尔是个很好强的孩子，所以这种局面令他难受极了。

在孩子们兴高采烈地继续比赛时，我悄悄地把卡尔叫到了一旁。

"卡尔，怎么啦？因为落后所以心里很难过吗？"我关切地问道。

"是的，我觉得自己笨手笨脚的。"卡尔回答。

"你怎么会这么想呢？每个人都有自己的长处和短处，这是很正常的啊！虽然你没有他们射得好，但我坚信只要多练习几次你一定能掌握射箭的诀窍。"我安慰道。

"可是，我已经尝试了很多次了，可每一次都是失败，我想我永远不可能超过他们。"卡尔心灰意冷地说，"我都开始有点害怕了。"

　　"害怕？你害怕什么？害怕失败吗？"我问道。

　　"是的，我越射不准心里就越害怕，越害怕就越不行。"卡尔说道。

　　"我想，你射不准并不是你射箭不行，完全是心理在作怪。你在其他方面都是最优秀的，所以你不甘心在射箭上落后于别人。于是，从你一开始就有很大的心理压力，而这种压力正是使你射得越来越差的原因。"我说道。

　　"咦，爸爸，你怎么知道我心里的想法？我就是因为害怕射得不如他们才这样糟的。"卡尔说道。

　　"既然你知道个中的原因，那你为什么不放开一点儿呢？反正这只是个游戏，其实谁胜谁败都没有关系。"

　　听我这样说，卡尔深深地吐了一口气，然后收拾心情，便重新回到赛场上。这一次，卡尔射得非常好，三箭都射中靶心。

　　为什么卡尔会突然间从一个无法命中目标的门外汉变成了一个优秀的射手了呢？如此看来，是我那句"谁胜谁败都没有关系"起了作用。

　　由此可见，家长允许孩子失败是帮助孩子战胜失败走向成功的关键因素。卡尔从刚出生时的吮乳，到后来学说话，学走路，其中他不知失败了多少次，但最终还是胜利了，成功了。这就是失败是成功之母的道理。

　　我认为失败并不可怕，害怕失败的心理才是可怕的。

　　如果孩子一直存在害怕失败的心理，久而久之，孩子就会习惯对事物沉默冷淡或者不参与任何活动，这对他的健康成长极为有害。这种心理会让孩子变得忧郁、自闭、沉默，这样的人又怎么会有开朗的性格和美好的人生呢？

　　所以无论儿子做什么，只要他不违反一些固有的原则，不做伤害自己和他人的事，我都尽力支持他去闯去干，在行动上极力鼓励他去尝试。我认为，只要他习惯了面对困难不怕失败，再加上我正确的引导，一切都会成功。

4. 解开夸奖孩子的秘密

在生活中，我经常发现如果孩子有不良的行为，比如打架、偷窃或者撒谎，他们的父母就会非常着急，责骂甚至狠狠地体罚孩子。我认为这样做不仅不能教育好孩子，而且会产生更大的副作用。

在教育儿子的过程中，我发现孩子因为善行得到夸奖时，那他这个善行就会不断重复而形成习惯。很多父母可能没有注意到这一点，他们想着孩子的行为是否良好是与生俱来的和理所当然的，没有什么可塑造的，因此缺乏夸奖。其实，孩子良好的行为得不到及时的夸奖，孩子的心理不会形成好的印象，良好的行为就慢慢停止了。

在生活中，我经常发现如果孩子有不良的行为，比如打架、偷窃或者撒谎，他们的父母就会非常着急，责骂甚至狠狠地体罚孩子。我认为这样做不仅不能教育好孩子，而且会产生更大的副作用。

孩子往往会对引起父母的注意的不良行为印象更深。因此孩子往往会选择做引起父母注意的行为，而不会选择父母毫不理会的行为。

很多父母错误地认为只要关注孩子的坏行为，及时对孩子进行惩罚，就能够制止孩子的不良行为。其实对孩子来说，这种惩罚仿佛成了一种奖励，因为他们的行为已经引起了父母的重视。这就是为什么很多孩子爱恶作剧。

父母关注的行为会逐渐形成孩子的习惯。因此，父母应该多加关注孩子好的一面，对良好行为给予孩子及时和恰当的奖励，漠然处之不良的行为，让它没有加深印象的机会。

夸奖孩子良好行为的时候，孩子年龄越小，效果越明显，也越容易。我曾经对其他孩子做过一些研究，当孩子开始进入少年时代，夸奖就会有难度了。由于孩子在少年时代的成长过程中会有一个反抗父母的阶段，为了更好地实施夸奖，父母应该明确区分孩子的行为与情感。孩子的爱、高兴、生气等情感都是孩子独有的，孩子高兴抑或生气，他们自己也无法控制。孩子的行为却是外在的，他们自己也能控制。孩子无法控制自己内心的情绪，但是能够控制自己的行为；因此，父母很难控制孩子的情感，但是，他们可以对孩子的行为作重要的影响。

我认为，应针对孩子的行为进行夸奖而不是他的情感。

父母应该注意到孩子的行为是具体实行的行为，而不应该是抽象或分析出来的，对于孩子内心的情感，父母无法施加影响，也无法控制。明白这一点非常重要。

哪些行为是抽象分析出来的行为呢？

比如："这孩子就爱欺负人"、"这孩子一点也不负责任"等。

哪些行为是具体的行为呢？

比如："他打了其他小孩"、"他在墙上画了一只小动物"等。

我们应该夸奖孩子的行为，而不是孩子的情感。应该夸奖具体的行为而不是"抽象分析出来的行为"。

作为父母，要对孩子及时夸奖好的行为。如果孩子没有做好，也绝对不要责备。孩子偶然做好就是进步。只要孩子一出现良好行为，父母就应该及时正面强化，巩固这种行为。

我对卡尔的夸奖一般采取两种方式，情感和物质。我觉得，情感方式往往比物质方式更有效。

情感方式有拥抱、表扬等行为，父母对于这些方式千万不要吝啬。

物质方式是补充方式，如给孩子一块点心，等等。卡尔每次得到这种奖励总是欢欣鼓舞，并不在乎奖励的多少。

在教育卡尔的时候，在他年龄很小的时候，我觉得大部分采用情感方式奖励就足够了，有些特殊情况时再采用物质奖励。

我认为，只要父母及时地正确夸奖孩子，那孩子就会不断重复那个良好的行为，良好行为如果可以得到及时的强化和巩固，久而久之，孩子就会养成持久的良好习惯。

但是，我不会随意夸奖卡尔。如果随便夸奖，那么他就无法明确地知道我到底是因为什么行为而夸奖他。我会在他表现出良好的时候给予夸奖，并且告诉他做了什么事而得到夸奖。

每当卡尔开始采用新的且令人满意的方式做事时，我都会很及时地给他奖励。我认为这样对于培养他良好行为习惯十分重要。如果他学会了一个新的行为并且理智地去实施这一行为时，我不是每次都会夸奖。夸奖只能偶尔为之，要让孩子觉得惊喜。

让儿子适应偶尔得到奖励，他就会继续表现他的良好行为。因为已经形成习惯，他知道怎样做会让我高兴，他也会对自己的良好行为感到满足和高兴。

在此，我建议那些父母，不要由于孩子的不良行为就过度去教训和打骂，而要去发现孩子的长处。对于那些个性很强从不受别人指挥的孩子更应该这样。父母一旦发现孩子的长处，就应尽量夸奖他。如果孩子常常能听到父母的夸奖，以后一定会变得听话起来。

第十二章 注意培养孩子的良好品德

如果家长只重视培育孩子的身体，孩子将成为愚人；如果只重视发展孩子的智力，他们也会弱不经风，或者成为恶棍；同时，如果只重视教育孩子的品德，孩子只会成为软弱的懦夫，这种人无益于社会和人类。因此，教育孩子需要注重三方面并举。

我花了很多时间去培养儿子的品德，我在卡尔很小的时候就开始给他讲那些行善的故事。看见儿子做得好了，我就立刻表扬他。有时还会在妻子面前表扬卡尔。当然，我不会过分表扬，免得他会自大。我也不会到处张扬，只会对少数了解他的人说起。

每一个人在某一段时间、某一天、甚至某一时刻都可能在做事，在想事情。看法和做法都有错对之分，可是人总是记住好的，忘记不好的，如果有了"行为录"，那么我们就能随时反省，让自己的行为向正确的方向发展。

我注重培养卡尔的品德是为了让他养成高尚品格。为此，我常跟卡尔说坏人得到报应的故事，并严厉批判这些人。我用这些反面教材来劝诫儿子从善。

1. 为儿子做一个"行为录"

　　每一个人在某一段时间、某一天、甚至某一时刻都可能在做事，在想事情。看法和做法都有错对之分，可是人总是记住好的，忘记不好的，如果有了"行为录"，那么我们就能随时反省，让自己的行为向正确的方向发展。

　　我特地做了个"行为录"来鼓励儿子，将他做的好事记到上面成为他美好的纪念。在这样的鼓励下，卡尔从小就立志要多做好事。卡尔总会为自己的好事上了"行为录"而兴奋，并且常常翻看它们，每当这时，我都会看见儿子愉悦的笑容。

　　培养卡尔行善就像培养他其他的好习惯一样，我从不会强迫他去做一些不想做的事，而要让他以此为乐，让他享受做好事的喜悦。当然，一开始让孩子理解这些喜悦的趣味很难，但也并非不可能。我坚信，只要耐心教育，孩子就能尝到善行的乐趣。

　　有了"行为录"之后，卡尔就有了随时反省的习惯。

　　每一个人在某一段时间、某一天、甚至某一时刻都可能在做事，在想事情。看法和做法都有错对之分，可是人总是记住好的，忘记不好的，如果有了"行为录"，那么我们就能随时反省，让自己的行为向正确的方向发展。

　　有一天，卡尔翻看"行为录"，突然沮丧起来。

　　当我问他原因的时候，他说："我还以为自己做得很好呢！原来我有很多毛病。"原来，卡尔在"行为录"上看到我记下的他的一些不良行为。

　　顺便说一下，这个"行为录"本来只用于记录儿子的善行，可我后来发现只记录好的行为可能会让卡尔沾沾自喜，于是又添加了一些不太好的行为，是为了让他更好地反省自己。

见卡尔有些沮丧，我便劝解道："你都看见那些不良行为了吧，不过没关系的，那些都是过去发生的事了，只要你以后做好一点，不再这样就行了。其实你不必因为这个而沮丧，没看见你的'行为录'上面还有许多好的行为吗？"

我劝导了一番，卡尔不再沮丧。同时，他决心以后不再重复犯同样的错误，尽量做好事。

我注重培养卡尔的品德是为了让他养成高尚品格。为此，我常跟卡尔说坏人得到报应的故事，并严厉批判这些人。我用这些反面教材来劝诫儿子从善。

很多父母在孩子成长的过程中都会碰到一大堆问题："我的孩子为什么要说谎？""为什么他这么残忍地对待小动物？"很多父母面对这些问题都束手无策，只能很痛苦地说："唉，早知如此，当初就不该让他来到这个世上。"这些问题搞得他们既困惑又狼狈，他们常常不确定自己会教育好这些小机灵，更不知怎么改变孩子身上难改的坏行为。也有的父母说已经全力教他，却改变不了他的不道德行为，他既不善良也不体贴人。我认为，只要父母方法得当，孩子会有好的品德的。

2. 培养孩子的善行父母要以身作则

父母作为孩子学习的榜样，其品性的好坏与否，便成了孩子成为好人还是坏人的决定性因素。由于父母是离孩子最近相处最多的人，更应是孩子模仿的对象，为此，父母首先要以身作则做好自己引导孩子向好的方面发展。

柏拉图曾说："任何坏人都不是出于本人的意愿而成为坏人的。"我并非要为坏人辩护，而是想说其实每个孩子的天性都是愿意向好的发展，只是有些孩子没有得到正确的教导才会变坏。

其实真实的情况是这样的："孩子是父母的影子，孩子是父母的翻版。"这是实实在在的生活的规律。

在生活中，我们不难看到：如果母亲爱慕虚荣，女儿也会这样。父亲喜欢酗酒，儿子也会这样。所以说，孩子会变坏，大多是父母教育不好。

现在，社会上缺乏专门培养孩子的机构，那教育的任务便自然落在了父母的身上。既然父母是孩子的榜样，便成了孩子成为好人还是坏人的决定性因素。由于父母是离孩子最近相处最多的人，更加是孩子模仿的对象，为此，父母首先要以身作则做好自己引导孩子向好的方面发展。

有许多父母采用惩罚孩子的坏行为，我认为不好。由于惩罚只有表面和短期的作用，并不能让孩子真正懂得道理。这样做的结果是孩子只有在父母面前才不敢做坏事，不可能从深处铲除孩子不良行为的发生。

我总是通过有效的方法让他明白善和恶，让他真正感到行善之中的快乐。

有一天，卡尔在玩耍时偷了小女孩阿尔丽兹的一块糖果。在被发现后，卡尔竟然不肯承认。

我知道这件事后马上严厉地训斥了他："卡尔，你知道你在做什么吗？盗窃行为是罪恶的。"

可是，年幼的卡尔似乎不明白这种行为的恶劣，他为自己辩解道："不过一块糖而已，怎么算得上是偷窃呢？"

我对他说："你从小就开始读书，难道你连这么浅显的道理都不懂吗？在别人不知道的情况下拿走别人的东西，这就是偷盗行为。对于偷盗的可耻本质来说，偷糖果和偷金子没有任何区别。"

一般来说，孩子还没有形成对事物的判断力，不能正确认识行为的本质，比如偷盗。他们从量上看问题，认为拿得多算是偷，拿得少就不算。在这种时候，父母让孩子弄清楚事物的实质是十分有必要的。

在卡尔终于弄明白是自己偷盗时，十分羞愧，他马上去向阿尔丽兹道歉，并送她一大包糖果。

在儿子成长的过程中，我常常跟他说："每个人都要为自己的行为负责，每个人的所作所为必然会得到报应。"

3. 我为什么要用钱来奖励儿子

很多人都说，鼓励儿子学习，为什么奖励钱呢？这是我让儿子明白"学习带来现世幸福"的含义而采取的比较实际的方式，如果儿子学习好，我会给他一个戈比，是想让儿子明白获得一点点的报酬有多艰难。

在教育儿子的过程中，我往往把钱作为奖励和写入"行为录"二者兼顾施用。

如果儿子学习好，我就每天给他一个戈比作为奖赏。但如果他学习得不好，或者行为有过错，那儿子就领不到这一个戈比的报酬了。

所以每当儿子犯错误时，他会主动来跟我说："爸爸，今天我犯了错误，所以不要钱了。"这时，我因为激动甚至还想给他两倍的奖励。但为了儿子着想，我不得不压抑着激动的泪花，然后克制住自己的情感说："是吗？那么明天就多做好事吧！"实际上这时我的内心里是非常难受的，为了表达我对他的爱，这时我常常情不自禁地亲吻他。

在卡尔尚小还不懂得用钱的时候，我会采用其他的办法。如果他做了好事，他就能在第二天起床时发现枕头旁边有好吃的点心。我告诉他，这是因为你做了好事，仙女奖赏给你的。如果他做了坏事，第二天早上起来就看不见这些东西了。这时，我就告诉他，由于你昨天做了不好的事情，仙女没有来。

如果他脱下衣服不收拾，让它一直放到第二天，我们也不会帮他收拾，并且绝对不拿出新衣服给他穿。

这些做法都是为了让儿子明白好行为有好报的道理。

很多人问过我，鼓励儿子的学习，为什么奖励钱呢？这是我为了让卡尔知道"学习能带来现世幸福"的含义而采取的比较实际的方式，如果儿子学习好，我会每天给他一个戈比，我想让儿子明白获得一点报酬是多么的艰难。

让孩子懂得这一点极为重要。

我反对给孩子过多的金钱，让孩子轻易得到他们想要的东西尤其是金钱的话，会让他产生依赖别人的习性。

如果一个孩子很轻松地就可以在父母那里得到金钱的奖赏，那种后果是极为可怕的。一方面，他将钱随便花光，会把钱用到不应该用的地方。另一方面，孩子如果轻松地从父母那里得到钱，他就会觉得做什么事情都很容易，长大后就不会去为自己奋斗，甚至会变得懦弱和堕落。

我有一位富有的朋友。由于他过分地溺爱孩子，常常给孩子太多的钱。他认为这是爱孩子的一种方式，由于他觉得自己富有，就应该让儿子过上奢侈的生活。孩子名叫恩斯特，他的零用钱差不多是卡尔的十倍。

因为常常得到丰厚的零用钱，又没有得到正确的教导，恩斯特在花钱方面十分"阔气"，在同伴面前一直是高高在上的感觉。他并没有用这些钱来购买有用的东西，也没有用它去帮助别人。

由于"富有"，恩斯特很快就成了坏孩子追捧的对象。他们讨好奉承他，经常跟他说一些动听的恭维话。恩斯特常常沉浸在这种良好感觉之中。于是，他拿父母给他的钱随意请他们吃喝，有时还给他们钱。如果那些孩子得到钱后会做些好事的话，那还说得过去，但我想他们不会那样的。

那些孩子非常"尊重"恩斯特，他也很快成了他们的头儿。他们听他指使，对他唯命是从。恩斯特还以为是自己的魅力才得到了他们的喜欢，其实事实并非如此。

在这个过程中，恩斯特渐渐感受到了金钱的力量，于是当有的孩子不听他的指令时，他就花钱买通别的孩子去打他。时间一长，他开始变得蛮横无礼，品性凶残。有一次，一个农夫不小心在路上碰了他一下，他就立刻命令手下报复那个农夫。那些孩子在路上将农夫团团围住用石头打得他头破血流，并且威胁他不能张扬出去。

恩斯特没有认识到，成天跟随他的那些孩子并不是真的欣赏他，只是想从他那里得到好处而已。他们引诱恩斯特赌博，并用事先想好的计谋赢他，用各种卑鄙的手法把他的钱骗到手。可是他根本没有注意到，还为手下给他提供新的"游戏"而自豪呢！他觉得输钱无所谓，因为父亲会不停地再供给他用。

可想而知，恩斯特在这种"风光"的童年中会有怎样的变化。他的乐趣都在吃好美食、打架和赌博上。他的学习也只是给父亲装装样子！他没有真正尝到学习的快乐，也没有得到知识给他带来的喜悦。他认为学习是没有用的，一看书他就会觉得头痛，和那些孩子在一起时他才会感到舒服自在。

先不说恩斯特会有什么样的将来，他很快就尝到了苦头。渐渐地，他的恶劣行为传到了他的父亲耳中，那位被打的农夫亲自去向他父亲告了一状。他的父亲气愤之极，将他痛打了一顿之后立即收回了他所有的零用钱。

顷刻之间，他成了一个"穷人"。

后来，恩斯特把剩下的钱都输光了。当他向其他人借钱做赌本的时候，那些孩子却翻脸了。他们说："你现在没有钱了，我们就不跟你再玩了。""我们都听说了，你的父亲再也不会给你钱，你将来用什么来还我呢?"

恩斯特气愤极了，他没想到平时的"好朋友"居然突然变了样。他和他们争吵，并开始动手打架。那些孩子围着他拳打脚踢，让他吃够了苦头。其中一个孩子用石头砸破了他的头，他正是那个农夫的儿子。

看到这些事我们可以发现，孩子的成长与父母有多么巨大的关系啊！恩斯特本来可以成为一个爱学习、品性善良的孩子，他有很好的家庭环境还有学习条件。但他不仅没有向好的方面发展，还为自己的恶行付出了惨痛的代价。我认为，这完全应归罪于他那个愚蠢的父亲。

我把这件事告诉过卡尔。他当时气愤极了，说这样的儿子和父亲都是魔鬼制造出来的。他对我说，一定会好好利用自己的钱，用它们去做一些好的事。并表示有我这样的父亲，他感到无比的幸运和骄傲。

4. 让儿子懂得同情和关怀

我让儿子明白获得一点报酬是非常艰难的，并尽量教他把钱花得更有意义一些。我告诉他仅仅买点心之类的没什么意义，而买书或者文具就能够永久发挥作用。有时我还提示他，如果在圣诞节等节日里给朋友和穷人家的孩子买点礼品，他们会感到十分高兴。

我让儿子明白获得一点报酬是非常艰难的，并尽量教他把钱花得更有意义一些。我告诉他仅仅买点心之类的没什么意义，而买书或者文具就能够永久发挥作用。有时我还提示他，如果在圣诞节等节日里给朋友和穷人家的孩子买点礼品，他们会感到十分高兴。

附近的人们遇天灾人祸时，不管身份是否相称，我都会带着卡尔前去看望。

每当这时，卡尔总会把自己存的钱拿来慰问受灾者。这时，我总是表扬他："卡尔，你做得很对，尽管你能做得很少，但却像《圣经》里记载的那个寡妇的小钱那样有价值。"

耶稣对着银库坐着，看众人投钱入库。好些财主已经往里投了若干的钱。这时有一个贫穷的寡妇过来，也往里投了两个小钱。耶稣便叫众徒过来，说："我实实在在告诉你们，这贫穷的人投入钱库的，比你们所投的更多。因为那些人都是有富余才拿出来投在里头的，但这寡妇如此贫穷，却把她所有的钱都投进去了。"

类似这样引用《圣经》中的故事和古今传说来教育卡尔做好事，已成了我的习惯。

我从卡尔小时候起，就让他记住了这些故事。所以每当我问到儿子"卡尔，谁在这种情况下是怎么做的?"时，他马上就能明白。

同情和关心他人，十分重要，它关系到一个孩子将来能否受欢迎。如要想孩子大后具备同情心和爱心，就必须从小开始对他们加以培养。

不仅是我，卡尔的母亲也十分重视对儿子的性情教育，她十分重视对儿子在善行方面的教育。为了防止孩子变成一个自私自利的人，卡尔的母亲在他只有两岁多的时候，就开始训练，让他从心疼自己的妈妈开始。她让他在妈妈生气时过来给妈妈消气，妈妈生病时给予体贴的关心，给妈妈做一些力所能及的事。

正是通过这些训练，我们成功地培养了儿子的同情心，让他对别人的情感和思想十分敏感。他周围的人都能感觉到他减轻他人的痛苦和替他人分忧的纯真情感，因此十分喜欢他。

有一次，我偶然发现卡尔的钱少了很多，这让我感到十分的奇怪，因为儿子总是把我给他的钱好好存起来。他无论是买书本还是买学习用具，都会告诉我，并且常常征求我的意见。

当我问他忽然"消失"的那些钱时，他告诉我一件令人感动的事。

儿子认识了一个小朋友名叫豪斯，他是一个农夫的儿子。

豪斯是个非常爱学习的孩子，可是由于家境贫寒，所以他没有得到受教育的机会。但是豪斯对书本有浓厚的兴趣。

豪斯告诉卡尔，他很想看书，可是家里根本没有书这种奢侈品，他很想听卡尔给他讲书里的故事。卡尔的玩伴不多，那天他就像对待知己似的给豪斯讲了很多书本中的知识。

豪斯也给他讲自己的生活和家庭。

他的父亲是个十分勤劳的人，整日辛勤地劳作，为了家庭付出一切。他的母亲也是一位很善良的女人，虽然没有受过教育，但她非常希望豪斯将来能有所作为，她教育他勤劳、向善。但没有良好的经济条件，她不能让儿子去读书、学习。所以她常常为此黯然泪下。

豪斯告诉卡尔说十分羡慕他，由于他有书本还有学习用具。如果他也有这样的学习条件，他坚信自己也会成为一个有知识有作为的人。

卡尔深受感动，他马上跑回家给豪斯拿了一些自己的纸和笔，并从积蓄中拿出了20戈比。

他对豪斯说："虽然这点帮助微不足道，但也是我的一点心意。我希望你从现在开始能够好好地学习，上帝是不会辜负你的美好愿望的。"

后来，豪斯的父亲带着儿子亲自到我家里道谢。

他说："威特牧师，您有这样的儿子，真是令人羡慕啊！他就像一个善良天使，把爱给予了我的儿子。愿上帝赐福给他！"

我给儿子钱，是为了让他明白学习的好处和培养他的善行。他从小就会用自己微小的力量去帮助别人，这不就是上帝给他最大的恩赐吗？

接下来我们会上街买好多东西做卡尔爱吃的饭菜，叫两三个亲友开晚餐会。席上我首先讲："这本书是十分难的，但是卡尔以坚强的意志最终啃下来了，使得学习得到很大提高。"

最后，晚餐会结束的时候，卡尔祷告："上帝，感谢您！您赐予我这么好的父母，赐予我健康、力量和各种思想，才能让我学问进步。"

5. 我教儿子怎么分配金钱

我认为，教育孩子怎么使用钱，而且把这种教育方式看作一种工具和手段是重要的。教育的目的并不只是让孩子经商，而是要让他成为一个趋向于完善的人。在这一点上，基础品质的培养显得尤为重要。

大约到了卡尔5岁时，他已存了一笔对同龄人来说算是数目不小的钱了。从那时起，我就开始教导他怎样合理地用那些钱。

我认为，教育孩子的时候，应该教会他如何用钱，这是一种重要素质，它是直接关系到孩子的发展和幸福的一个重要因素。

这种教育是理财教育，是我教育卡尔的一个重要部分，也是培养儿子素质的重要内容。

我认为，理财能力是孩子将来的生活上必须具备的重要能力，这种能力的培养应该从少儿阶段进行，施行得越早，效果就越好，否则将会十分被动。

孩子容易犯错误不意味着注定被宽容。年少的孩子不具备固定的收入，没有成熟的金钱意识，他们有强烈的用钱的要求和欲望但不知道该怎么管理好自己的钱。这就容易使得孩子在用钱时出现种种错误，而这种错误会直接关系到他们的发展和前途。

通过观察和研究一些孩子，我发现他们都有十分近似的错误：喜欢滥用父母的钱；今天用了明天的钱；只把钱看成买某种东西的一种工具；没有存钱的习惯；钱被花掉在过强的购买欲望了；买东西时，把身上的钱花个精光；只在花钱时才有满足感；轻易相信别人的承诺；不作计划……

这些都是孩子在使用金钱上经常容易犯的错误。帮助他们克服这些错误，树立正确的金钱观，培养他们将来必需的能力，是父母的基本责任和义务。

有的父母一味无条件地满足孩子的花钱要求，放纵孩子太过分的物质欲望，这会助长孩子的恶习，当他们成年以后要靠自己有限的收入生活时，一旦需要做出决定经济境况的重要决定，就会显得手足无措，会缺乏心理上的应变力。

我之所以给卡尔钱，主要是让他从小就学会应该怎样计划用他的钱，并且让他了解劳动与报酬之间的联系。我不会无节制地给孩子钱，而是像在前面提过的一样，在他做了好事的情况下给他。

我发现，孩子大概在 3 岁左右就会开始萌发独立的自我意识，产生"我会做"、"我能做"、"我自己来"的自我表现欲望。所以我在儿子 3 岁左右时就开始对他进行这类的教育。这种教育和其他教育一样，对孩子来讲都是自然而且适时的。它必然也会为孩子的成长提供必不可少的养分，很多父母认为孩子在少儿时期不应该接触金钱，那是错误的。

我认为，教育孩子怎么使用钱，能够把它看作一种工具和手段。教育的目的并不只是让孩子经商，而是要让他成为一个健全的、能干的、真正的人。在这一点上，基础品质的培养显得尤为重要。

首先，父母应该教会孩子诚实。由于这关系到他将来用什么态度去面对那些事关钱财的活动以及社会和公众对他此类行为的评判。而且，如果这方面存在问题，就将给孩子的将来带来麻烦甚至酿成极为严重的后果。

对卡尔这方面的教育我采用了一些这样的方式：

我给儿子讲述一些阐明诚实品格的故事，在孩子的头脑中不断加深诚实的概念以及不诚实的后果。

我常常认真审视自己是否诚实。我的行为给孩子留下了什么印象？我是否和儿子讲过一些有伤大雅的谎话？

我通过日常的培养帮助卡尔的诚实品格个性化。特别是上学之后，我就开始鼓励他用内心的道德标准来判定某一行为是非对错。我激励他在面对艰难的选择时，要尽量做到诚实、守信、积极进取。

我常常告诫卡尔，我们要懂得在金钱面前保持自尊。

我认为，父母应该注意给予孩子一个稳固的家庭，要善于倾听孩子的心声，无论遇到什么问题，都应该征求孩子对解决这个问题的意见。

让孩子有成功感也极为重要。父母经常帮孩子增强一些自信心，尽量避免替孩子做决定，允许孩子选择自己为成功而奋斗的领域。

我十分注意让儿子感受到自身的价值。当一个孩子发现自身价值的时候，他会无比喜悦，拥有发自内心的幸福感。父母能够发现孩子的独特点，经常给予赞扬，有助于他保持自信。

在教育卡尔理财的时候，我让他学会节俭，认识东西的价值，不能浪费和破坏及消耗有价值的东西。对每一个家庭而言，如何持家是十分重要的，我们应该教会孩子爱惜保护每样东西。

我常常让卡尔帮助做一些力所能及的劳动，然后让他得到一些想要的东西，我经常和他讨论地球上的自然资源，告诉他金属和木材以及纸张从何而来，让他知道资源宝贵。如果他因滥用或大意而破坏物品，我会让他亲自去尝试修理。

我还告诫卡尔我们不能一味贪图财物。虽然财物能够给我们的生活提供保障，但它却不能建造真正有意义的生活。

满足感决定我们是否可以生活简朴。知足常乐的态度肯定会对养成简朴品质起到巩固基础的作用，我常常用这句话来教育儿子不要贪心。

我常常跟儿子说简朴给人带来了自由，而不是束缚。我们把谈话的重点放在美好和友谊之上，让人的价值高于物质的价值。

6. 儿子的母亲是他的一个外交家

无论对待孩子还是成人，他们会很反感有人指使他们做这个，反对他们做那个。在这方面，卡尔的母亲总会想到一种绝妙的办法，妻子曾经对我说过，强迫孩子学习任何知识都是没有用的，与其命令他学习还不如正确引导他学习。

卡尔在成长过程中得到他母亲无微不至的亲切关怀，妻子在儿子身上付出的心血其实不亚于我。我可以说，卡尔会养成爱人互助的良好品德和开朗活泼的性格，以及对他人的同情心，这些与他母亲对他的悉心培养是分不开的。

我认为，儿子的母亲是他的一个外交家。母亲教会他怎样与人说话，如何与人相处，甚至衣着方面怎么才算得体，这些都是母亲的影响力。

无论对待孩子还是成人，他们会很反感有人指使他们做这个，反对他们做那个。在这方面，卡尔的母亲总会想到一种绝妙的办法，妻子曾经对我说过，命令孩子学习或者强迫他学习是无效的，与其命令他学习还不如正确引导他对待学习。虽然儿子的学习多数由我负责，但他母亲也给我出了不少主意。

我认为，母亲应努力保持自己在孩子心目中的权威形象。有的母亲爱好新奇的服装，打扮得过分艳丽，有时候走在街上成为人们的笑柄。也有的不修边幅，因懒惰而衣冠不整，也同样会引人耻笑。当孩子看到自己的母亲被其他孩子嘲笑时，他就会感到十分难堪。不仅如此，这还会给孩子带来很坏的影响。所以，作母亲的必须自我检点一些，既不应散漫，也不应过分打扮。不然的话，母亲的权威形象就会下降。很多做母亲的都不注意，以为自己的行为与孩子根本无关。其实不然，很多孩子往往在母亲的不经意中失去了教育的机会，甚至越来越糟。

卡尔母亲曾经对我说过一件事，可以表明如果母亲在孩子心目中没有权威会带来什么样的结果。

有一位母亲为了把女儿送到女子学校去上学，她省吃俭用，让女儿穿上与其年龄不相称的太过艳丽的服装。尽管如此，她女儿还是有一点不喜欢妈妈。有一次，她女儿对卡尔的母亲说："妈妈穿着那么寒酸的服装到学校来，让我感到十分难堪，我从 4 岁起就为这个感到很难为情。"

这位母亲失去了女儿对她的尊重。可能有人会责备她女儿无情，但我却十分同情她。虽然这位母亲花了很大的工夫在女儿的外表上，还把女儿送到洋气十足的女子学校，但是，我认为她并没有尽到母亲的义务。

父母就是孩子的范本。母亲衣冠不整，孩子当然也会如此，这是不言而喻的。散漫的坏习惯往往存在一辈子，这对个人极其不利，社会上有许多人就是因为衣冠不整而失去飞黄腾达的机会。所以，一个人的装束如何绝对不是一件小事。

卡尔的母亲十分注意这一点。她不仅自己衣着得体，也喜欢把儿子打扮得整洁大方，堂堂正正。

卡尔的母亲曾对我说："一个人不修边幅，精神上必然是散散漫漫，衣冠端正能让人精神抖擞。"所以，虽然她给儿子穿着的服装都不奢侈，但都是整洁的。

我认为，整洁的服装能让人产生自尊心。不仅是人，就算是马也会如此。给马换上好鞍，它就表现得扬眉吐气，给它用破旧的马鞍，它就表现得垂头丧气。连马都是这样，何况孩子呢？如果孩子穿着不体面、不整洁，那他绝不会有任何出息。

在注意服装的同时，卡尔的母亲还十分注意让儿子保持身体的清洁卫生。她教会儿子如何洗手、洗脸、早起刷牙、梳头。她认为身体清洁能促使孩子保持自尊心。孩子之所以会有坏习气，大多是受母亲的影响，因此母亲们必须警惕。

人既然活着，就不可以常常无所事事。有的妇女对个人的修养和教育孩子一点也不感兴趣，往往习惯埋头打扮。为了孩子的一生，这是应当避免的。

卡尔母亲除了关心儿子的衣着和教育，也很关心他的游戏。很多母亲都不关心孩子的游戏，这很不好。她们通常为家务事所累，当孩子要她回头看一看时，她头也不回。因此孩子倍感无聊，甚至有时孩子还遭到她们的训斥和打骂。这完全是母亲的不是。

为了让卡尔养成良好的品德，他的母亲给他绘制了品德表，一周一张。如果儿子做了与这些相符的行为，她就会在那一栏中贴一颗金星，反之，则贴上一颗黑星，然后每个星期六数一下，若金星多，那儿子下周内就可得到和金星数相等的书、鲜果和点心等，如果黑星多，就不能得到这些奖品了。

这个品德表，在星期六统计之后就不让孩子保存着，这样做是为了让儿子下决心，在下周消灭黑星。这样更有利于培养儿子积极的心态，由于如果长期保留黑星，会让儿子感到沮丧。

有一天，卡尔独自在家，他把我们家的小狗拴在屋外的院子里。不久，天下起雨来，但卡尔并没有把小狗带到屋子里来。小狗在外面"汪汪"大叫，冰冷的雨水让它浑身发抖。

这时，他的母亲刚好从外面回来，看到这种情况，连忙将小狗牵到了屋里，并马上质问卡尔。

"卡尔，你为什么让小狗在外面淋雨。"

"我……我忘记把它带回来了。"

"可是，你没有听见它在叫你吗？"母亲听他那样说十分生气，因为她知道儿子在撒谎。

"我想它在外面没什么！"儿子为自己辩解道。

"没有什么？那么把你也放在外面去淋一会儿雨，你愿意吗？"

"不愿意。"

"卡尔，你自己不愿意，那你为什么要小狗去淋雨呢？天气这么冷，小狗也会生病的。把小狗放在冰冷的雨水中，这是多么残忍的行为啊！假若让你去淋雨生病，做妈妈的该有多么伤心呀！"

听完这些话，卡尔羞愧地低下了头。他承认错了，并表示以后不会这样，一定要爱护小动物。

妻子就是从生活中的一点一滴开始，慢慢培养儿子良好的品德，并教他做人的道理。

7. 怎样才不会宠坏孩子

我认为，服从也是孩子良好品德之一。为了让孩子有良好的习惯，父母首先应该坚持正确的观点，要对孩子讲清楚，父母让他做什么，是因为什么。父母不让他做什么，又是为了什么。父母应该以理服人，不能平白无故地命令孩子一定要听自己的命令。

无论在教卡尔学习还是培养他品德时，我从来不会斥责他，我认为耐心地讲道理才是最有效的教育方法。

其实，孩子做坏事，错误在大人身上，而不在孩子。孩子之所以会做坏事是由于父母没有把孩子的精力引向好的方面。父母要想把孩子的精力引向好的方面，必须尽早让孩子对工作和劳动感兴趣，并培养他各种兴趣和爱好。只有这样，才能培养孩子健康的内心世界。

很多母亲以为打孩子就能教育好孩子，这是一种错误的观念。所罗门的箴言中有这么一句话：不鞭打孩子，就会惯坏孩子。我认为这是不正确的，它误导了很多年轻的父母，同时也伤害了孩子。有些父母常常打孩子以为不会惯坏孩子，实际上暴力只会让孩子变得更加顽固、冷酷、残忍。

有一次，我看见一个小孩子虐待一只小狗。他正在用一支梳子使劲地打那只可怜的小家伙。我立刻走过去制止他。

我问他："孩子，你为什么要这样打狗？你不认为它很可怜吗？"

他回答："我父亲就常常这样打我，没有人觉得我可怜，那么小狗也不应该可怜。"

在很多家庭中，有些孩子被父亲打坏耳膜，他们脸上经常留下父亲的手印。这真是令人痛心啊！上帝叫我们爱别人，可孩子在这种粗暴的教育下成长，他们将来如何能够去爱呢？

我多次说过，自尊心是所有品德的基础。若孩子失去了自尊心，那他的品德就会瓦解。人之所以变成赌徒、醉汉、盗贼和乞丐，都是因为失去了自尊心，父母经常责打孩子会深深地伤害他们的自尊心。父母经常絮叨数落孩子的过失，也会损害孩子的自尊心。这些都是不正确的做法。

我一直不主张体罚，也从不对卡尔施行体罚。很多父亲一生气，就毫无顾忌地体罚孩子。等他们冷静下来之后，又觉得愧疚而去吻、去抚摸孩子被打疼的地方，或者给孩子糖果吃。

这种教育方法不可能会培育出优秀的人才，只能培养出懦夫和蠢材。作父母的，在管教孩子之前，必须首先要做好自己。

父母要把孩子打造成有教养的人，那么自己就应该先学会内省自约。否则，任何教育都无济于事。

在家庭中，说话容易毫无顾忌。但是父母不能因为在家里没有任何制约所以就想说什么说什么，想做什么做什么。父母的言谈举止会直接影响到孩子。为了教育孩子，父母应该特别注意规范自己的行为，不能把不良习惯在不知不觉中传染给孩子。

父母想要让孩子说话有礼貌，那对孩子说话也应该采用"请"、"谢谢"这些文明语言。由于孩子总会模仿父母的样子，不仅如此，我认为，即使对家畜，也不可采用粗野和难以入耳的语言。

算术和地理等知识，在孩子长大成人之后也能学会。可是，教养若不在幼年时期形成，那孩子长大以后就很难具备了。一种好的习惯在孩子幼儿期很容易形成，但在他们长大定型后就很难养成了。同时，孩子从小就有很多不良习惯，长大后也难以改掉。

在我们周围，有很多通晓地理和历史但他们举止言谈不合乎教养的人，这就是由于他们没有从小养成好习惯的缘故。

父母正确的事物应该坚持。如果孩子不接受正确的事物，父母必须要让他们学会服从。孩子生下来就是利己的，这是一种天性。他们对他人要求很多，但为他人着想的极少，简直就是个小暴君。可是，这种性格是能够通过教育加以矫正的。若从孩子很小的时候就教他为他人着想和怜悯他人，孩子绝不会成为利己主义者。

曾经，法国的一位皇帝问他一位元帅的母亲："您用什么方法把儿子培养成如此伟大的人物的？"元帅的母亲回答道："我只是教儿子好好地服从。"

我认为，服从也是孩子的重要品德之一。为了让孩子养成服从的习惯，父母首先应该坚持正确的观点，要对孩子讲清楚，父母让他做什么，是因为什么。父母不让他做什么，又是为了什么。一切都要以理服人，父母不能平白无故地强迫孩子服从自己。

小孩子的本性都是贪婪的。但是，也不应该过分责打他们，而是要注意教育方法。只要父母注意正确引导孩子，他们很快就会成为不自私的人。

卡尔从小时候起，我就鼓励他把自己的东西送给小朋友，把学习用具送给邻家子女，以便培养他的慈善精神。同时，还会鼓励他帮助别人干活。所以卡尔从小就是他母亲和女佣的好帮手。

有些孩子爱说谎，但也不应该动不动就打他，要充分思考他为什么要说谎。孩子们由于缺乏经验，同时又富于想象，有时便会说谎，并且也知道这是坏事。父母其实不应该过分指责他，但要注意时刻矫正他这一坏习惯，因为从无害的说谎到欺骗他人的撒谎之间只有一步之遥。但是父母一定要注意采用有效的方式方法，而不是随便打骂。

我认为，孩子的很多毛病都能够用阅读和劳动来帮助他们改正。书中的知识和道理能指导他们往良好的方面发展，而劳动能够让他知道一切都来之不易。只要孩子具备了知识和劳动的习惯，那么就会良性发展，进而成为有教养的人。

有个恶汉曾在法庭上傲慢地说："自我生下来，我就不知道书本是什么东西，也从未劳动过。"所以，罪人必定是懒惰、无知、不劳动的恶果。

我有一个朋友，他的孩子顽劣成性经常去糟踏花草，让他伤透脑筋，毫无办法。我告诉他："你最好给儿子买锄头和铁锹，让他自己种花。"

朋友马上照办了，并且获得了显著的成绩。这是因为劳作把孩子迷失方向的精力引导到种花上去的结果。

后来，这个孩子不仅种花种草，还十分爱惜它们。人们再也看不到他的顽劣，而是经常看见他在花园里照顾那些小花小草。并且，他对待别人的花园十分爱惜，从来不去破坏它们。

可见，良好的教育方法能够产生多么大的魔力！

有一天，我在傍晚穿过贫民窟的时候，到处听见母亲斥责孩子、父亲打孩子和孩子大哭的声音，简直是一句好话都没有听见。

我想，这是由于他们工作一天，疲劳过度，心情不佳，所以把怨气全部泄到孩子身上的表现，那些孩子实在可怜。可是，还有另一种父母，他们饱食终日且无所事事，还喜欢斥责孩子，把无聊而产生的气恼都施加在孩子身上。

我对此感到十分痛心。

常受斥责、打骂的话，孩子就会习惯这种责打，父母也就失掉了威信，让父母和孩子之间产生隔阂。其结果，对孩子的教育就彻底失败了。

我认为，对于孩子既不可以让其娇生惯养，也不应过分斥责。只有采用合理有效的教育方法引导孩子，才能培养出孩子以后做人的能力。

第十三章　如何培养孩子的各种良好习惯

有的孩子从小就很聪明，但由于得不到父母的良好引导，他们会对任何事情都感兴趣，什么都想学。兴趣广泛肯定是好事，但要看父母怎么去引导。如果没有正确的指导，孩子往往哪方面都学不好。

很多孩子成天在学习却成绩不好，大多归咎于不能专心导致。他们常常拿着书本发呆，或望着窗外想入非非。这样的学习状态怎么可以学好知识呢？我认为，与其这样逼孩子去学习，还不如让孩子到外面去开开心心地玩一场。

我绝不允许儿子在学习时想着玩，玩的时候又想着学习任务没有完成。由于不能专心致志，就算孩子整天坐在书桌旁，那也只是人在心不在，那是一种对时间的任意糟踏，也是对自己和别人的欺骗。

一个孩子的成长是多种因素决定的，但我有一点能够肯定，有些孩子之所以没有好的学习成绩，大多由于缺乏良好的学习习惯。我从不觉得卡尔有多么高的天赋，也不相信那些学习不好的孩子生下来就愚笨。

我认为，父母要知道怎样去培养和引导孩子是最重要的。

1. 培养孩子专心致志的习惯

很多的孩子成天在学习却成绩不好，大多归咎于不能专心所致。他们常常拿着书本发呆，或望着窗外想入非非。这样的学习状态怎么可能学好知识呢？我认为，与其这样逼孩子去学习，还不如让孩子到外面去开开心心地玩一场。

有父母问我，为什么孩子每天都苦苦看书，成绩却没有一点长进呢。为什么卡尔成绩那么好，而他们的孩子就不是这样呢。他们认为自己的孩子已经很勤奋了，但成绩仍然不好，要不就是孩子太蠢，要不就是卡尔太聪明。

有时我真不知该怎样回答。一个孩子的成长是多种因素决定的，但我有一点能够肯定，那些孩子之所以没有好的学习成绩，大多由于缺乏良好的学习习惯。我不觉得卡尔有多么高的天赋，也不相信那些学习不好的孩子生下来就愚笨。

我认为，父母要知道怎样去培养和引导孩子是最重要的。

有的孩子从小就很聪明，但由于得不到父母良好的引导，他们会对任何事情都感兴趣，什么都想学。兴趣广泛肯定是好事，但要看父母怎么去引导。如果没有正确的指导，孩子往往哪方面都学不好。

卡尔很喜欢学习也有多种爱好，但他却没有影响学习，因为我让他学会了计划和安排自己的生活。

在他学习时，我要求他专心致志。学语言时就想着语言，学数学就关注数学。我不让他在学习时想着玩，玩的时候又想着没有完成学习任务。因为如果孩子不能专心，就算学习，也是人在心不在，那是糟踏时间，也是对自己的欺骗。

我朋友的儿子哈特威尔十分聪明，他比卡尔大 10 岁，因为我和他的父亲是老朋友，所以我是看着他长大的。在哈特威尔小时候，他显得跟卡尔十分相似，对任何东西都很好奇，也有很强烈的求知欲。

我每次去他们家，那个孩子总围着我问问题，我总是耐心地解答他的问题。因此，哈特威尔把我当成了好朋友。

但是，当我的朋友开始正式教育他之后，他说哈特威尔的成绩总是不太好。起初我感到很奇怪，孩子很聪明，父母也有学识，孩子受到的教育应该是挺好的，为什么会这样呢？

为了帮助孩子，我的朋友让我私下观察哈特威尔的学习。

我注意到开始学习时，哈特威尔坐在书桌前背荷马的诗，我在另一个房间悄悄观察他。我在一开始可以听到他小声的诵读，可是不久，他的诵读声慢慢地没有了。我发现他捧着书本却抬头呆呆地望着窗外。

我知道他走神儿了，没有集中精力学习。我把哈特威尔的父亲叫来，他看到顿时火冒三丈，马上就要进去责骂孩子。

我及时阻拦了，小声说："不要这样，让我去和孩子好好谈谈。"

我小心翼翼地走进了哈特威尔的房间，我走到他身后，他还是没有发现。他想得太入神了。于是我过去轻轻拍了拍他肩膀，他突然受到惊吓，浑身抖动了一下。

"哈特威尔，你在想什么呢？"

"哦，是威特先生。"

"你在想什么呢？学习应该全神贯注，为什么走神儿了呢？"我轻言细语地问。

"我……我没有想什么。"

"那好，我考考你刚才背诵的诗。"我拿起了他的书本。

哈特威尔一句也背不上来，他羞愧难当。

"孩子，如果你没有想入非非，怎么会一句也记不住呢？"

哈特威尔只得承认他走神儿了。

"我也不知道原因，可我总在看书时分心。"

"那你刚才在想什么事？"我又问。

"我在想昨天的事，有个小朋友仗着自己强壮就去欺负别人，我刚才想我能成为一个武艺高强的剑客的话一定会好好教训他。我会骑着大马去帮助那些弱小的人，让那些坏孩子尝尝被欺负的滋味……"他一边说，一边比画起来。

这时，哈特威尔的脸上光彩四射，他在憧憬着自己能成为英雄。

"听我说，孩子，"我开始慢慢地开导他，"帮助别人是好事，但不能只想呀！你现在看的书里面有很多伟大的故事，你应该看看他们是怎样成为英雄的。而且，你应该在学习时把其他事情都暂时放下，努力学习才能成为一个真正的强者。你想成为英雄就应该学习书中英雄的智慧，而不是总幻想自己成为英雄。你说对吗？"

"我明白了。"小哈特威尔好像忽然醒悟了一样，"现在我学习书本中的知识，等学完后我再好好锻炼身体，那么我长大后，就能够帮助那些弱小的人了。"

"对的。"我点了点头，表示赞赏。

"知道了。"说完，小哈特威尔捧起书本专心致志学习起来。

后来，他的父母跟我说："威特牧师，你的教育方法很好，孩子的学习成绩真的提高得很快。"

哈特威尔学习不好是因为他不专心。我用巧妙的方式让他把注意力都放到学习上，那么他的成绩自然提高了上去。

2. 培养孩子敏捷灵巧的习惯

要想做事专心，必须让孩子养成敏捷的习惯。我们的生命都非常有限，人生匆匆几十年，还要花费大部分时间在睡觉、休息上，如果不能抓紧时间做一些事，那么宝贵的时间就会悄悄流走，光阴也像天上的流星那样转眼即逝。

我绝不允许卡尔学习时有任何人和事干扰他。我严格规定了他的学习和玩耍时间，来培养他专心致志的好习惯。

　　儿子刚开始学习时，我每天让他在 45 分钟之内学习功课。如果卡尔在这个时间不专心学习，我就会批评他。

　　在儿子学习时，即使是妻子和女仆要找卡尔，我都会拒绝，然后说："卡尔正在学习，现在不行。"

　　有人来访，我也不会停止儿子学习的时间，我会吩咐家人："请让他稍候片刻。"我要让儿子在学习上养成严谨认真和一丝不苟的态度。

　　而且，我还很注意培养儿子做事要灵巧。就算儿子做一件事做得很好，如果他磨磨蹭蹭的我也不会赞扬。这对培养儿子雷厉风行的作风有积极作用。

　　让孩子敏捷灵巧十分重要。我们周围有许多人，他们坐下通常磨蹭很久才开始工作，这正是由于他们从小养成了不好的学习习惯。

　　他们在磨蹭之中到底浪费了多少宝贵的生命啊！

　　教育卡尔的时候，我并没有让孩子牺牲玩耍的时间，让他每天只花费一两个小时在学习上就能达到良好的效果，这一切正是归结于我培养他形成的做事雷厉风行的习惯。

　　卡尔不是众人以为的由于学习而没有了玩耍的时间，反而正是因为他在学习时专心致志，效率大大提高，才让他获得更多时间去运动、休息或者参加各种活动。

　　要想做事专心，必须让孩子养成敏捷的习惯。我们的生命非常有限，人生匆匆几十年，还要花费大部分时间在睡觉、休息上，如果不能抓紧时间，那么宝贵的时间就会悄悄流走，光阴也像流星一样转眼即逝。

　　我常常告诫儿子，优秀的人做事要果断，行为敏捷，那样才能利用生命有所作为。

　　有一次，卡尔准备做数学题，我把题目说完就离开了。按照常规，我都会给他一个时间段，时间未到之前，我不会去打扰他，是想让他可以专心地解决问题。

可是那次我为了拿书，未到时间我就走进了房间。我发现他不像平常那样在做练习，而是在房间中自己玩耍。

我马上问他："卡尔，你为什么不做练习？你在干什么？"

"这道题很简单，时间还早呢，在那之前我一定能够做出来。"儿子根本没有当回事。

"是吗？你觉得它太容易吗？"那时候我很气愤，"那好，我再给你加两道。"

"可是，为什么？"

"你觉得时间很多啊，那你就应该多做些事。"

我对儿子十分严格，言出必行，卡尔是知道的。

我给他布置了两道极难的数学题后就离开了。

到了规定的时间，我走进去。他做完了两道，正在解第三道最难的题目。

"卡尔，停住！"

"可我还没有做完呢！"

"我只给你加了两道题，但没有给你加时间。"我严厉地说。

"可是，爸爸，这不公平。"儿子委屈地对我说。

"不公平吗？你认为时间很多余，那么就应该在多余的时间里再多做一点。"

儿子很不理解我为什么要这么做，我这样做是为了不让他做事拖沓。

"如果之前你没有浪费时间，那么你现在就有足够的时间了。"我对他说道。

这时，儿子默默地看着我，似乎领悟到了些什么。

"你想想看，"我继续开导他，"如果之前你没有浪费时间，那么早就做完题目，就能够用剩下的时间去干喜欢的事。在你磨蹭的那段时间里，你一点作为也没有，就像你把一杯牛奶倒了，那不是天大的浪费吗？"

从此以后，卡尔明白了这个道理，再没有发生过上述的那种事情。

3. 培养孩子精益求精的习惯

我从小就教导儿子做事要认真，尽量把所有事都做得尽善尽美。无论对待学习还是对待爱好，都要讲究一个"精"字。我告诉他，任何事情只有给人精致的感觉，这件事才有了价值，不然一切成果都是空洞的。

在学习语言和数学等知识上，我不准儿子在学习中敷衍了事，这是为了让他培养精益求精的好习惯。

我认为教儿子学习就如砌砖一般，如果我不严格，就绝对没有好效果，做事精益求精是一种美德。我最讨厌那种做任何事都大而化之的人，他们无论做什么事情都不进行深入的研究，他们做的事常常只有大的效果，没有让人值得回味的东西，甚至在很多方面犯下了不可饶恕的错误。

我从小就教导儿子做事要认真，尽量把所有事都做得尽善尽美。无论对待学习还是对待爱好，都要讲究一个"精"字。我告诉他，任何事情只有给人精致的感觉，这件事才有了价值，不然一切成果都是空洞的。

儿子喜欢画画，我就从画画去教他理解精益求精，而且艺术创造特别在乎精益求精。

我先前给儿子买了很多临摹的名画，也经常给他讲艺术家怎样完成画作并达到完美的。

儿子尤其喜欢画各种美丽的桥，尤其是秋天阳光下的小桥。他曾经对我说，在晴空万里的时候，强烈的阳光洒在小桥的石块上能折射出黄金般的光芒；小桥下清澈的河水是湛蓝的，太阳的反光犹如蓝宝石一样美丽，阴影中是深蓝色的，显得神秘而变幻莫测。

有一天，我亲自带着儿子到村外的河边，他专门去画那座小石桥。那时候，儿子坐在河边上专心画画，我在树荫下看书。

我捧着书本，偶尔会望一望卡尔。心情很愉快，可能是儿子把我带入一种宁静之中。

不一会儿，卡尔站起身来拿着画板朝我走来并把那张画拿给我看。

那幅画很不错，形象处理很好，构思很讲究，小桥与河流和旁边的村庄搭配得错落有致，很有美感。

我仔细看完发现画还是有缺点。别的父母可能会夸奖儿子，这幅画算完成了，可我认为有缺点就一定要指出来。

"卡尔，你还记得你给我描述过的那种感觉吗？可为什么我没有从这幅画里看到呢？"我问儿子。

"可是，我大概画出来了。"儿子不服气地回答。

"你说过水在阴影中像蓝宝石一样，我怎么没有发现呢？"

儿子才又仔细看了看画面，然后向桥下阴影看了看，很不好意思地说："我忘了画水中的变化了。"

于是，卡尔又坐在了河边的石头上。

"爸爸，你看这下行了吧。"不一会儿，卡尔又把画给我看。

"嗯，不错，颜色比刚才要好多了。虽然水中的阴影已经用颜色表现出来了，可是仍然没有蓝宝石那种晶莹透明的感觉，更谈不上什么神秘感了。"我对儿了说道。其实我心里知道，儿子可以画成这样已经非常不错了。他甚至连阳光下的水和阴影下的水之间不同的颜色都很准确地区分出来。除非是专业画家，就是经过一定训练的成年人也很难做到。

我本来想，给儿子提些意见，那这幅作品也算是完成了，即使有缺点，也能够留给他以后慢慢解决。

我看见他一会儿又眯起眼睛仔细观察小河中的流水，一会儿端详自己的画，一会儿又咬着笔端认真地思索。

这一次他在那里待了很久，连我都觉得是时候应该回家了，可他仍然在那儿坐着。

"卡尔，该回去了。"我催促道。

"等一会，马上就好。"卡尔在远处向我应了一声。

我看见他突然低下头，拼命地在画面上涂抹着，嘴里还不停地嘟囔着，也不知他在说些什么。

当他第三次把画拿到我面前时，我简直惊呆了。桥下那片处在阴影中的水，真的就像蓝宝石一般的美丽，神秘莫测。

"儿子，你真行，你是怎么做的呢？"

"因为我发现了阴影中的奥秘，其实它不是一整块深蓝，而是由不同的蓝色组成的，里面有普鲁士蓝、深蓝、还有钴蓝，甚至还有一两点红色，那是岸边的花在水中的倒影……"

当时我真的很激动，他说的都是绘画中很专业的东西，从来没有人专门教他，他却自己悟了出来，可见他的观察力之强。

"那你刚才在那儿不停地絮絮叨叨，你在说什么呢？"

"我不停地说'蓝宝石'、'神秘感'、'蓝宝石'、'神秘感'，我想只要我用心去做，我一定可以把那种感觉表现出来的。"

面对儿子这样的回答，我压抑住心中的激动，和他手拉手一起向家走去。

在路上，我对他说其实第二次画就已经不错了，我便问他为什么有那么大的兴趣又开始第三次。

"你不是对我说过吗？做什么事都要精益求精，不能敷衍了事。"

看着卡尔那股既天真又快乐的劲儿，我真不知道能说些什么了，只能紧紧地握着他的手。

4. 培养孩子坚持不懈的习惯

人在一生里，无论是在学习还是生活上都会遇到很多难以预料的挫折。我常常教育儿子，只要认准一件事就要尽全力去努力把事情做好，只要有恒心好好坚持做下去，那么一切困难都会迎刃而解。

　　孩子还没有出生之前，我和妻子就决定要把他培养成一个成功的人。尽管我们当时还无从谈起应让他在哪个领域里成功，但有一点我们是非常清楚的，就是要想让孩子在哪个领域里成功，只有坚持不懈，才能完成目标。因此，在儿子还只能趴在床上时，我们就开始对儿子进行持久力的训练。妻子在这方面做得很好，只要儿子碰到困难，她就会鼓励他：让孩子坚持一下，再坚持一下，直到他获得胜利。

　　从卡尔小时候开始，为了训练他的持久力，他的母亲首先训练他注意力的持久性，因为注意力持久是行为持久的前提。为了培养儿子的持久注意力，他母亲用了一个能够引起儿子注意和兴趣的玩具，那是一只用黄色布做成的小猫。她先把那只小猫放在儿子眼前吸引他的注意，等到儿子有兴趣时，她把小猫放在他伸手就快碰到的地方，吸引他去抓。当孩子准备放弃的时候，母亲便鼓励他：使劲儿！使劲儿……儿子在母亲的鼓励下就会用力蹬几下腿，伸手将小猫抓住。在儿子抓到小猫后，他母亲就亲吻儿子，让孩子体验奋斗和成功的喜悦，在卡尔爬行时，母亲便增加了难度，每次在他马上就要碰到目标时，就把玩具挪到离他更远的地方，然后让他继续爬去拿。妻子告诉我，这样做既可以练习儿子的毅力又练练爬行，实在是一举两得。

　　卡尔开始学习后，我和妻子仍然去培养儿子的坚持不懈，之后卡尔便形成了习惯。

　　因为儿子对学习一直特别轻松，所以他可以轻易解决任何数学问题。为了提高儿子的能力，有一次我给他出了一道远远超出他能力范围的题目。

　　我给卡尔指定题目之后，他就开始像平常一样专心致志地在书桌前认真思考起来。每当这时，我都会离开房间，让他能够在一个安静的环境里独立思考。

　　过了很长时间，卡尔都没有从房间中出来。我觉得有些诧异，虽然那道题的确很难，但卡尔以前从未试过用那么长的时间去解习题，何况已经远远超出了我给他规定的学习时间。

我走进房间时，卡尔仍然在那里冥思苦想，而桌上用来做习题的纸仍然是一片空白，什么字都没有。

我问儿子："怎么了，是这道题太难了吗？"

儿子抬起头来看了看我，一语不发。

我看卡尔此时满脸通红，虽然天气不热他却满头大汗，我当时的第一个反应就是儿子生病了。

"卡尔，你哪里不舒服吗？"我问。

"没有，我在想该怎样解答这道题。"卡尔回答道。

"现在已经超过时间了，如果你认为太难就先休息一下吧，明天再把它解出来。"我说道。

"不，爸爸，再等一会儿。我似乎快要找到答案了，请您再给我一点时间。"卡尔说完又继续埋头思考。

其实在儿子解答问题的关键时候，我不应该打断他。于是，我走到房间外，和卡尔的母亲谈论这件事。

快要吃饭的时候，妻子有些按捺不住了，她对我说："你应该让儿子出来了，恐怕是那道题太难，卡尔的自尊心太强，做不出会觉得难为情。你去劝劝他吧，不要让他太累。"

于是我又走到了儿子身旁。

"卡尔，你已经尽力了。其实解不出来也没有关系，这道题的确太难了。"我对儿子说。

"不，爸爸，我快要做出来了，"儿子说，"您不是告诉我说做任何事情都要坚持不懈吗？我已经找到了解这道题的方法，就差一点点。您再给我一点时间，我想我马上就能完全解答它。"

面对儿子这样的态度，我怎么可以拒绝呢？所以只能和妻子在外面耐心地等。其实我们也做好了准备认为儿子不会解出那道题，只是觉得儿子既然有那份恒心就尽量支持他。

"爸爸，爸爸！"不久，我最终听到儿子兴奋的喊声。我在那一刹那感到了无比的激动，从儿子的声调来看，我知道他成功了。

不出所料，儿子拿着那道题的答案，蹦蹦跳跳地就从房间里跑了出来。

我看了他的答案，完全正确，并且他的理解思路简直巧妙之极，似乎还在标准解题方法之上。

那天在晚饭的桌上，儿子不停地对我说他的思考过程，又是怎么去寻找解题的着眼点。他也承认那道题实在太难了，他从未碰见这样的难题，但他实在为自己能够成功地做出来而感到自豪。

当我问他在解题过程中有没有想过要放弃，他这样对我说：

"想过，因为它确实太难了，有很长一段时间，我都隐隐感到头疼，脑袋都要胀破了。我真想跑出去对您说我做不出来了，但每当那个时候，我就会听到自己心中有一个声音在对我说：'坚持一下，再坚持一下！'所以，我就发誓一定要坚持下去，一定把它解答出来不可。"

那天晚上，卡尔吃了很多东西，睡觉也比平时要睡得熟。他的确累极了。

自从那次之后，卡尔的解题能力得到了大大的提高。并且在后来，面对一些极难的数学题他都能用几种方法把题给解出来。

卡尔也通过这一次的练习对坚持就会成功这个道理有了更深的体会。

第十四章 如何防止儿子自满骄傲

有些父母的想法与我不同，他们喜欢在众人面前炫耀孩子哪方面都"与众不同"，这样就很容易让孩子骄傲。我很担心，这样做很可能把一个很有潜质的孩子毁掉。

我认为，没有经过教育只靠天赋生存的神童，只不过是一种暂时的病态，这些神童往往容易夭折。一些天赋很好的孩子如果没能成为栋梁，正是因为他的骄傲自满。

世界上最可怕的事情就是骄傲自大，因为骄傲自大常常毁掉英才和天才。

我教育儿子：知识能赢得人们的崇敬，善行能得到上帝的赞誉。没有学问的人很多，由于他们没有知识，所以一见到有知识的人就会显得格外崇敬。可是，人们的赞赏又是很反复无常的，易得易失，而上帝的赞赏却是因为你的善行，这种赞美才是来之不易的，因而是永恒的。所以你别太在乎人们的赞美。

我曾经无数次地告诫卡尔：无论多么聪明，多么通晓事理，多么有知识的人，与上帝相比，只不过是沧海一粟。只有那么一点知识就自大的人是非常可怜的，奉承话大多都是假的。说来可笑，奉承话大多都是假话，可它竟是世俗的常习。所以，谁要完完全全相信这种奉承话，那他就是糊涂虫。

1. 不要随便表扬孩子

我认为，没有经过教育只靠天赋生存的神童，只不过是一种暂时的病态，这些神童往往容易夭折。一些天赋很好的孩子如果没能成为栋梁，正是因为他的骄傲自满。

我会表扬儿子，但我仍然要提醒父母们：不要随便表扬孩子。因为一旦表扬太过随便，它就会失去了自身的作用。

即便卡尔做得很好，我只会说："啊，不错！"当儿子做了善行时，我可能会进一步，我对他说："好，做得好，我想上帝一定会高兴。"

当卡尔做了特别值得表扬的好事时，我会亲吻他，但这样的情况并不常有。

我想让儿子明白赞扬是十分可贵的。通过不同程度的赞扬，儿子深深地明白：善行的报答就是善行本身给人带来的喜悦。

我从来不过分表扬他，就是不想孩子变得自满骄傲，因为孩子一旦习惯骄傲自满的品性以后将会很难改变。

我教给卡尔很多知识，但从不会直接说这是物理学、那是化学，等等，就是防止他狂妄自大。

有些父母却喜欢在众人面前炫耀孩子"与众不同"，这样很容易让孩子自满骄傲。我很担心，这样的行为会把一个天赋很好的孩子毁掉。

我认为，没有经过教育只靠天赋生存的神童，只不过是一种暂时的病态，这些神童往往容易夭折。这就是"十岁神童，十五岁才子，过了二十岁是凡人"的谚语说明的现象。一些天赋很好的孩子如果没能成为栋梁，正是因为他的骄傲自满。

世界上最可怕的事情就是骄傲自大。因为骄傲自大常常毁掉英才和天才。

莱恩从小就体现出某种天赋，所有见到他的人都说他聪明伶俐，说他是个天才，将来必定极为辉煌。

其实这种说法没有什么错，可是事实并不是如此，虽然这个孩子两岁时就表现出在音乐方面超人的天赋。

莱恩的父母专门请了家庭教师来培养他在音乐方面的造诣。他确实很聪明，很快就学会老师教的知识。四五岁时，他就已经掌握了乐理知识，同时还会演奏许多种类的乐器；其中钢琴和小提琴极为出色，并且很快举办了一场个人的音乐会。

人们都说他是一个音乐神童，是天才，他们就像评论那些历史上伟大的音乐家一样来评价他。

莱恩的父母把全部的生活重心都放到了儿子的身上，把孩子当成宝贝。他们逢人就夸耀孩子，甚至当着众人面说儿子的音乐水平已经超过了他的老师和很多音乐家。

莱恩陶醉在这些赞誉之中开始沾沾自喜起来。

有一天，音乐老师说他在音乐上还有很多不足。虽然技巧确实不错，但音乐的表达在于内涵而不单单是技巧。

莱恩被激怒了，他狠狠地说："你以为我只懂得这些技巧吗？那些音乐内涵我早已清清楚楚。"

老师说："但我明明发现你有这些问题呀！"

莱恩说："那是我故意那样演奏的，我就是那样去理解的。"

老师为了让他明白音乐的表现，开始给他做示范。碰巧老师演奏时犯了一个小错误，就被莱恩抓个正着。

"喂，我亲爱的老师，您自己都弹错了，就您的水平还能教我吗？"他带着极大的嘲笑说道。

老师气愤极了，马上辞去了这份工作。尽管莱恩的父母尽量地挽留老师，但老师仍然头也不回地离开了。

后来，我遇见这位老师并且谈起莱恩的事。他告诉我，就在他离开时，突然觉得以往的判断都是十分错误的，他觉得莱恩不会成为一个伟大的音乐家，事实也证明，这位音乐老师说对了。

老师走后，莱恩越来越得意。他自以为是，胡乱改动大师的曲子，并说作品不过如此。

他拒绝再请老师，还说老师都不中用，根本不配来教他这位百年难得一遇的才子。

结果可想而知，事过多年，我听说莱恩成了一个悲惨的酒鬼，他整日愤世嫉俗，说人们不理解他这样的天才。

我知道很多伟大的艺术家成名前很难被理解。但莱恩绝对不属于那样的人，因为他从未写出美妙的作品，甚至是连平庸的作品都没有。而且过度饮酒摧毁了他的听力，恐怕他现在连音阶都不会演奏了，更别说演奏出乐曲。

在教育卡尔的时候，我正是担心这一点。所以我下了很大的功夫防止他自满。我把莱恩的事讲给他听，让他懂得骄傲自满和狂妄自大会带来多么大的危害。

2. 不要过多地表扬儿子

我曾经无数次地告诫卡尔：无论多么聪明，多么通晓事理，多么有知识的人，与上帝相比，只不过是沧海一粟。只有那么一点知识就自大的人是非常可怜的，奉承话大多都是假的。说来可笑，奉承话大多都是假话，可它竟是世俗的常习。所以，谁要完完全全相信这种奉承话，那他就是糊涂虫。

在教育儿子时，我首先自己不会过多表扬他，也不会让其他人太多地表扬他。

每当别人表扬卡尔时，我就会把儿子支出屋子。对那些不听忠告一味夸奖儿子的人，我会尽量少让他们到家里来。因为这个，我被视为一个不通人情的老顽固。但是，为了不让儿子养成不良心态，我不去计较这些议论。

我教育儿子：知识能赢得人们的崇敬，善行能得到上帝的赞誉。没有学问的人很多，由于他们没有知识，所以一见到有知识的人就会显得格外崇敬。可是，人们的赞赏又是很反复无常的，易得易失，而上帝的赞赏却是因为你的善行，这种赞美才是来之不易的，因而是永恒的。所以你别太在乎人们的赞美。

我用各种方法防止卡尔骄傲自满，尽管花了很大的工夫，但我想自己还是成功了。

世界上大概没有别的孩子像我儿子一样广受赞扬了。在我的努力下，儿子未受其害。

有一次塞思博士和我说："你的儿子骄傲吗?"

我回答说："不，我的儿子一点也不骄傲。"

"这不可能，神童如果也不骄傲，那你的儿子或者就不是常人了。他骄傲也是自然的。"他不相信我，还一口咬定卡尔肯定是个骄傲的孩子。

事后，我让他和卡尔谈了很多话，经过多次交谈，博士最终完全了解了卡尔的为人。

塞思福博士事后对我说："我实在佩服你的教育方法，你儿子竟然一点也不骄傲自满，你是怎样教育他的?"我便让儿子站起来把我的教育方法讲给博士听。

听后，他佩服地说："的确，这样教育孩子，他就不可能变得骄傲了，真是佩服。"

还有一次，督学官克洛尔先生到哥廷根的亲戚家做客。他在之前已经从人们的传说中知道卡尔了，来到了亲戚家后就了解得更详细了。因为他的亲戚和我一家算是很亲密。克洛尔先生就想考考卡尔的知识，为了这个，他把我们父子邀请去。

我接受了邀请。

克洛尔先生说要考考卡尔。按照惯例，我也要求他答应一个重要的条件，那就是："无论如何，绝不要表扬我儿子。"

克洛尔先生答应了，由于他擅长数学，所以主要想考关于数学的题目。

我回答说："只要不表扬，考什么都可以。"

商量妥当，他就把卡尔叫了进来。

克洛尔先生首先考究人情世故方面，再进入学问领域。卡尔的回答让他很满意。最后开始他最擅长的数学。

因为卡尔也很擅长数学，所以越考越让先生感到十分惊异。因为几乎每一题卡尔都能用好几种方法完成。到了这一阶段，克洛尔先生开始情不自禁赞扬卡尔了。

我赶紧给他递眼色，他才停住了。

但是，考试未结束，由于他们都十分擅长数学，所以考着考着就进入了数学的顶峰，并到了连先生都驾驭不了的程度。

这时，他竟不由自主地说："唉呀，我想他已经超过我了。"

我想，这下坏了，于是马上泼冷水："哪里，哪里，因为这半年卡尔都在学校里听数学课，所以还记得这道题目而已。"哪想到克洛尔先生又拿出更难的题来考卡尔："那你再考虑这道，这道题连欧拉都考虑了三天才做出来，如果你能给出正确答案那就更了不起了。"

听了这句话，我开始担心起来。

我并不是怕他做不了难题，而是担心倘若卡尔真把题目做了出来，可能会变得骄傲起来。

可是，我又不好意思拒绝卡尔做这道题。因为克洛尔先生不太了解我们家里的教育方法，我怕这样会引起他的误解，以为我是害怕儿子做不出难题才这样说的。

我只好镇静地看着。

那道题是一个农夫想把如图所示的一块地分给三个儿子，要把它分成三等份，而且每个部分要与整块的地形相似。

克洛尔先生说完题目，首先问卡尔是否做过这道题目。儿子回答说没有。克洛尔先生说："那么给你时间，你做做看。"

说完，他带着我走进房间，对我说："我想就算你儿子再聪明，也很难做出那道题，我是为了让你儿子知道数学还有许多难题才给他出的。"

可是，克洛尔先生的语音刚落，卡尔就喊道："做出来了。"

"不可能。"克洛尔先生说着走了过去。

儿子向他解释说："三个部分都是相等的，而且各个部分都与整块地很相似，对吗？"

这时，克洛尔先生疑惑地说："你是事先知道这个题吧？"

看到这种情况，我就再也不能沉默了。

我向克洛尔先生保证："我清楚我的儿子，这个问题的确是他第一次遇到，更何况我儿子从来不说谎话。"

这时，先生终于赞不绝口地说："那么你的儿子已胜过数学家了。"

我又给他使眼色，克洛尔先生领会了才点着头说："是的，是的。"然后就附耳小声对我说："唉呀！我真佩服你。这样的教育方法，不管你儿子有多大的学问也不会骄傲自满。"

儿子接着同其他人高兴地谈起话来，这一点让先生十分喜欢。因为卡尔在这种情况下也绝对不骄傲。

我曾经无数次地告诫卡尔：无论多么聪明，多么通晓事理，多么有知识的人，与上帝相比，只不过是沧海一粟。只有那么一点知识就自大的人是非常可怜的，奉承话大多都是假的。说来可笑，奉承话大多都是假话，可它竟是世俗的常习。所以，谁要完完全全相信这种奉承话，那他就是糊涂虫。

第十五章　防止孩子养成不良习惯

孩子发脾气时会忘掉周围的一切，内心被怒火控制，他会感到害怕和痛苦，但是自己却控制不了。孩子发脾气时十分可怕。父母要重视孩子发脾气的问题，并要弄清楚他发脾气的原因从而采取一些可行的方法防范他们发脾气。

我认为，小孩子之所以会常常发脾气，是由于小孩子非常容易被激怒，心中有一种无法遏制的情绪，这情绪就是挫折导致的一种负担。孩子太小，不知该怎么做，只有通过发脾气才能够发泄出来。

这时候，父母应该尽力去安排好孩子的日常生活，让孩子少受挫折，或者让挫折在孩子能够容忍的限度之内。不要过分指使孩子要去做什么事，也不能过分地禁止孩子做什么事。严格的教育是理所应当的，但不要让孩子去承受他们心理极限之外的事。

另外，父母必须时刻维护孩子的荣誉感。任何人都需要得到别人的赞扬和肯定，这是人之常情。孩子在这方面表现出来的渴望往往比成年人还要强烈。对于孩子，得到其他人，特别是父母的承认具有重要意义。一个失去了自尊和荣誉感的孩子是十分可怕也是最难教育的。如果当着众人，尤其是孩子的伙伴面前数落责备孩子，会让他羞愧难当。这十分容易成为其他孩子以后羞辱他的把柄，甚至会给他造成不良的心理障碍。

1. 父母如何对待孩子脾气大

父母不应该对孩子的坏脾气进行赏罚，我们应该让孩子知道他发脾气是不会得到任何东西也不会失去任何东西。例如，孩子不想吃饭继而发脾气，可是他脾气发完之后，发现饭依然要吃，当然作为父母要讲清楚道理。如果平时孩子吃饭后会得到一定的奖励，那么脾气过后吃饭仍旧给孩子这些奖励。

孩子发脾气时会忘掉周围的一切，他会害怕和痛苦，但是却控制不了自己的行为。孩子发脾气时十分可怕。父母一定要重视孩子这些问题，并在弄清楚他发脾气的原因之后采取一些可行的方法防范这些不好的行为。

有一位母亲对我说，她的儿子常常动不动就发脾气，真不知怎么教他。其实，要想把孩子培养得有涵养而不粗暴，首先要弄清楚原因。

孩子为什么容易发脾气呢？

我认为，小孩之所以会常常发脾气，是由于他们还比较脆弱，易被其他事物激怒，心中有一种无法遏制的情绪，这情绪就是挫折导致的一种负担。孩子太小，不知该怎么做，只有通过发脾气才能够发泄出来。

这时候，父母应该尽力去安排好孩子的日常生活，让孩子少受挫折，或者让挫折在孩子能够容忍的限度内。不要太过火地指使孩子要去做什么事，也不要过度禁止孩子做什么事。严格的教育是应该的，但绝对不能让孩子承受他们承受能力极限之外的事。这时他就会觉得不知所措、情绪极差，然后情绪无法发泄就会乱发脾气了。

当孩子情绪不好时，父母不要在他遇到挫折时用过激的话刺激他，等他慢慢平静下来再去开导。

我在教育儿子时积累了一些经验：当孩子为某事就要发脾气时，应该把他的注意力转移到另外的事物上，让他慢慢地安静下来。父母一定要保持冷静，不要用粗暴的行为制止。等孩子静下来之后，父母要安抚他。有的孩子发脾气时不要太亲近他，因为那等于火上浇油，只需保护孩子不受伤就行了。

当孩子正在气头上时，不要和他讲道理，因为这时他是不讲理的。这时，父母更不该向孩子发脾气。发脾气就像一种传染病，以暴制暴不是明智的，这只能让孩子的脾气越发越大。

父母不应该对孩子的坏脾气进行赏罚，我们应该让孩子知道他发脾气是不会得到任何东西也不会失去任何东西。例如，孩子不想吃饭继而发脾气，可是他脾气发完之后，发现饭依然要吃，当然作为父母要讲清楚道理。如果平时孩子吃饭后会得到一定的奖励，那么脾气过后吃饭仍旧给孩子这些奖励。

如果孩子在大庭广众下发脾气，父母不要顺从他。有些父母害怕孩子当众发脾气而顺着孩子的脾气，这种做法是错误的。孩子虽小，但有时也很狡猾，他们能利用父母的弱点发起进攻。父母一定要想办法不能让孩子知道这些弱点。其实要做到这一点很容易，如果孩子当着众人的面前提出要求，父母最好满足他。如果等到他发脾气再去给予他，后果就不好了。对孩子的要求父母要选择性地满足，不合理的要求就间接答复他，例如说回家再说，或对他表示等客人走了再说，等等。

孩子发脾气主要是因为自己面对问题无能为力。可是随着孩子一天天成长，能力也随之增强后，他们受到的挫折会越来越少，也会渐渐地养成通情达理的好习惯了。

有的孩子动不动就大哭大闹，常常把父母搞得很苦恼。通常情况下很多父母选择妥协迁就，这种做法是错误的，这样孩子就会得寸进尺，越加任性。

父母是最清楚自己孩子的脾气和性格的，我们应该学会预测到孩子在什么情况下会有怎样的任性行为。当预料到他要做出任性行为时，父母就应该采取一些防御措施来避免孩子发脾气。比如，孩子嚷着要买玩具，但是父母觉得没有必要买，就应该对孩子说："那我去问一下你的姨妈，看你适不适合买这种玩具，如果她说好，我就给你买。如果她说暂时不合适，那咱们就不买了。"事先把不买的可能告诉孩子，孩子才会做好心理准备，这样就能够防止孩子任性的发生。

很多父母看着孩子长大，却发现他们一天天变坏，越大越不听话。这虽然是孩子变得独立的表现，但如果父母教育得不好，孩子就很容易形成各种不良习惯，甚至"恶习"。

2. 绝对不要伤害孩子的自尊心

自尊是一个人活在这个世界上的基本需求，伤害孩子的自尊心所造成的危害是非常巨大的，对年纪尚小的孩子来说，尽管他还不懂事，但如果自尊心经常受到外界的伤害，他的性格乃至身心健康成长都会造成不好的影响。

孩子毕竟是孩子，他们有时候会做出许多不好的行为。由于他们年纪还小，判断事物的能力有限。所以父母应该注意，不能把孩子不好的行为与那些成人养成的恶习相提并论，因为孩子的不好行为还远远没有成人恶习那样的危害。比如孩子说了一句"我恨死你了"，和成人说"我恨死你了"根本不是一个概念。父母面对这种情况，应该多考虑孩子的立场，考虑孩子说话的动机和目的，避免小题大作。

很多父母以为，在大庭广众下训斥孩子才能树立权威，令孩子服气，这种做法是错误的。因为这会大大地伤害孩子的自尊心。

我从来不会当众训斥卡尔，教育孩子应该不伤害他自尊心。否则，不但不会教育好孩子，反而会让他向极端的方面发展。

自尊是一个人活在这个世界上的基本需求，伤害孩子的自尊心所造成的危害是非常巨大的，对年纪尚小的孩子来说，尽管他还不懂事，但如果自尊心经常受到外界的伤害，他的性格乃至身心健康成长都会造成不好的影响。孩子的自尊心是非常脆弱的，只要稍不留意就会受到伤害。所以，我无论是教育儿子，或者和其他父母谈论教育孩子时，都一再强调要尽量保护好孩子的自尊心。

另外，父母必须时刻维护孩子的荣誉感。任何人都需要得到别人的赞扬和肯定，这是人之常情。孩子在这方面表现出来的渴望往往比成年人还要强烈。对于孩子，得到其他人，特别是父母的承认具有重要意义。一个失去了自尊和荣誉感的孩子是十分可怕也是最难教育的。如果当着众人，尤其是在孩子的伙伴面前数落责备孩子，会让他羞愧难当。这十分容易成为其他孩子以后羞辱他的把柄，甚至会给他造成不良的心理障碍。所以，我强调要讲究用适当的方法去细心教导孩子，合理掌握时间，不要粗暴蛮横，不能以成年人的思维去对待孩子。

在教育卡尔的过程中，无论他做了什么，我都保持心平气和，用一种平静的心态去对待他这些行为，教育孩子最需要耐心。我反对那些父母动不动就发怒、常常责打孩子。这些父母的行为只能把孩子吓得浑身发抖，只在表面上管住了孩子，实际上适得其反，用心平气和的状态去处理孩子的问题最好。这样，父母会在孩子面前保持威严也不会看上去无理取闹，既和蔼也不会显得不严肃。

卡尔做错事的时候，我不会像有些父母那样总是说"不要这样"、"不行"这些否定的词语，这些语言会让孩子觉得自己很无能。我总是用积极肯定的态度去鼓励他，指导儿子，增加他的积极情绪。这样做往往会更好。儿子听得最多的还是"这样做"、"努力去做"这些积极鼓励的语言！

很多父母觉得，要对孩子十分了解才能防止孩子养成不良习惯。其实这种想法不完全正确，什么年龄的孩子都有自己的秘密。许多父母很少注意到这一点，要么没发现小孩子有秘密，要么千方百计去知道这些秘密，这些想法和做法都是错误的。孩子有孩子的秘密，只是大人觉得那算不上秘密而已。孩子是十分幼稚的，他们心目中那些没有说出来的东西就是秘密。父母不要窥探，也不要过多追问，更不要干涉，特别是对孩子无害的秘密。这样，即使是两三岁的孩子也会信任父母，与父母更加亲密。有了信任和亲密，孩子就可能会把他们所谓的秘密告诉父母。如果父母不断窥探，令孩子失去对他们的尊重和信任，孩子就会觉得自己没有地位，然后心灰意冷，逐渐失去积极性，甚至会关闭心灵大门。当然尊重孩子不等于不管孩子，而是要求父母关注孩子的内心变化，然后加以引导。

每当卡尔犯了错误，我会用最简单的方式让他知道其中的道理，而不会不断数落。在教育儿子的时候，我觉得要求明确、大度和气往往效果更好。

我从来不对儿子进行体罚，因为打骂是一种非常粗暴的行为，我非常厌恶。很多父母用体罚的方法，效果是非常短暂的，他们不仅体罚孩子，还说一些伤害孩子自尊心的话："不要你了，滚！""你不可救药！"等，这些话语会对孩子产生非常多的不良影响。

3. 什么方法才是最有效的

其实孩子那样做就是为了引起父母的注意，就算被责骂，他也会觉得自己受到重视。在他眼里，父母的责骂是一种奖励而不是惩罚，而他的做法就是为了得到这种奖赏。而此时，我们绝不能让孩子得到这种所谓的"奖励"。

要是父母能有效地管教孩子，对于孩子的成长是十分有益的。有些父母对孩子的管教仅仅局限于管住孩子，让孩子循规蹈矩，缺少活力，没有创造性，这种办法根本不会让孩子健康地发展。在我看来，这种管法还真不如不管。也有些父母由于顾及孩子的心情而不去教育孩子，这也是错误的做法。

在教育和管束卡尔时，我尽力做到既阻止他的不良行为，又尽量减小负面影响，我认为这是管教孩子的最基本原则。

我也接触过很多和他年龄差不多的孩子。我发现几乎每个孩子都倾向于去获得某种自以为是的"奖励",这时他们就会做一些不良的行为。我认为,父母应该及早发现并取消这种"奖励"。

我的一位朋友有两个孩子,他的儿子是个十分调皮的孩子,时刻都想让人感觉到他的与众不同,所以经常干些令人很心烦的事。

有一天,朋友找到我,想让我给他一些管教孩子的办法。

他对我说:"我的儿子真令人讨厌,他喜欢嘲弄别人,连吃个面包也要和其他孩子不同。他知道我讨厌那些行为可是偏偏那么做,好像专门要气我。"

听了他的话,我感到十分奇怪。这孩子连吃个面包都会让别人生气,恐怕也太与众不同了吧!于是,我决定去看看这个孩子。

那天我到朋友家就餐。在饭桌上,我专门仔细观察了这个孩子。

我发现这个孩子喜欢把面包皮剥下来,然后把面包捏成一个球形再吃掉,而把剩下的面包皮丢在盘子里。同时还得意扬扬地说:"妈妈,我又把皮剥下来了!"

于是,他的母亲开始训斥他:"你怎么总是这样,没看见有客人吗?"他的父亲要发怒了。

我给朋友使了眼色,让他控制情绪,饭后我给他说了"对付"孩子的方法。

第二次,这个孩子又故伎重施,像往常那样把面包皮一片片剥下来后,也对他的母亲说:"妈妈,我又把面包皮剥下来了。"可是她的母亲只应了一声:"我知道。"

孩子说:"你不说我吗?"

"不说。"

后来,那位朋友说孩子已经没有了剥面包皮的习惯,也不会强调自己与众不同了。他觉得很奇怪,问我是什么原因。

其实孩子那样做就是为了引起父母的注意,就算被责骂,他也会觉得自己受到重视。在他眼里,父母的责骂是一种奖励而不是惩罚,而他的做法就是为了得到这种奖赏。而此时,我们绝不能让孩子得到这种所谓的

"奖励"。后来，父母对他毫不关心，他自己觉得没趣了，就慢慢地改掉了坏习惯。

孩子在成长中会出现很多坏习惯，有的是任性自大，有的喜欢表现自己，或者喜欢捉弄人，有的甚至损坏财物。面对这些问题，父母应该采取专门的办法去加以解决，以达到最好的效果。

卡尔小时候也喜欢在墙上乱画，虽然我已经给他买了很多绘画的用具，但他仍然克制不住自己，总是趁我不注意偷偷在墙上涂抹。

那时候，正当他在墙上画得高兴时，被我抓了个正着。

"卡尔，你在做什么？"我马上制止了他。

卡尔迅速转身，把笔藏着，并用身体遮住刚刚画好的东西。

我当时没有训斥他，只是制止他，并让他独自到房间去待一会儿。

过了一阵子，我才把他叫出来询问原因。

他说："爸爸，我刚才在房里想了很久，我破坏了墙壁的清洁。我有纸，我应该在纸上画画的。你给我讲过不能弄脏物品，所以我犯错误了，请您惩罚我吧！"

我并没有训斥卡尔，叫他去房间待一会儿是想让他自己先好好思考自己的行为。孩子有时纯粹是一时兴起去做某件事，只是一时约束不了自己。如果我立马训斥他，或把那些大道理不断重复，这样教育效果不大。孩子自己真正认识到错误，印象就会非常深，也就会减少他再犯错误。

我让他乏味地单独待一会儿不算是惩罚，只是让他冷静下来。如果他能对错误的行为有所反思，那就再好不过了。

我认为，这种方法很多情况下都可以适用。比如，两个孩子争执或打架，一开始都会互相告状，争个不停。父母只需要让他们各自单独待一会儿，可能什么问题都可以得到轻松的解决。因为孩子之间不会有什么深仇大恨，只是在一时之气罢了，如果父母给他们讲道理可能会更加深矛盾从而带来更多的麻烦。

当然也有孩子拒绝到指定的地方去，甚至还会蔑视父母的命令。如果这样，我认为父母仍要坚持把他带到指定的地方去，就算孩子哭闹，也要让他进去。父母守在门外，在一定时间之内不要给孩子开门。父母必须要让孩子明白，任何对抗都是毫无用处的，要让孩子面对这个现实，要让他明白应该如何为自己的行为负责。我很清楚，卡尔从小就听我的话，我也从来没有采用相对粗暴的方式。

4. 孩子们为什么贪吃

父母要知道，只要给孩子提供适量的食物，知道他不会挨饿就足够了。只要孩子不太贪吃，应该让他觉得进食是一件愉快的事情，一件他想做而且能做的轻松自然的事情。但应该注意的是，不能让孩子觉得吃是生活唯一的乐趣，千万不能让他养成贪吃的习惯。

很多时候因为父母过度宠爱孩子，让孩子无规律、无限制地进食，从而使孩子食欲紊乱。

很多父母用他们这样的"爱心"对待孩子，在我看来十分愚蠢。

我认为，无节制饮食会对孩子产生很多负面影响，可是很多父母没有注意，实际上，这是一个非常严重的问题。我见过许多孩子都不知饥饱，吃得过多而身体不适。

贪吃不是孩子的天性，而通常是因为父母的纵容造成的。大多数父母都认为，为了加速孩子的成长，让孩子的身体变得更强壮，就拼命给他们加强营养，只要听说吃什么能强身健体，就会买回来然后毫无节制地"塞"进孩子的胃里。

我不会让儿子随便吃点心和零食。我与妻子对儿子规定了固定的吃点心的时间，给孩子加强营养作出合理的安排。

为了儿子的健康，不要让他习惯贪吃，我常常对他讲吃得过多的害处。

我告诉他："人进食过多脑袋就发笨，心情也会变坏，有时会生病。

生了病，不仅难受，甚至不能玩耍。不仅如此，你一得病，爸爸妈妈要照顾你以至于耽搁了很多事情，就是说你一个人生病的话，会给许多人带来麻烦。"

为了让卡尔明白身体健康的重要性，凡有朋友的孩子生病我都会带他去探望，让他有直接的体会。

有一次我带着儿子散步，偶然遇见了一个朋友的儿子。

"你家里人都好吗？"我首先问候道。

"谢谢都好。"他说。

"但是，你弟弟病了吧？"

"是的，你怎么知道的呢？"他惊讶地说。

"我知道，由于圣诞节刚过。"

我不是胡乱猜测，因为那孩子非常贪吃，我知道这样的情况圣诞节后准会生病的。

果然如我所料，我带着儿子去探望。去到之后，那孩子一会喊着肚子痛，一会又喊头痛。

在谈话中，我问明孩子的病因，果然是因为吃太多了。

在这种场合下，我的谈话总是注意到要让儿子能了解事情的真相。

另外，我十分注意培养卡尔良好的饮食习惯。在吃饭时，尽力让他愉快地进餐。

我认为，让孩子愉快进食有益于促进孩子身心的各方面发展。

对孩子来说，食物不应该是款待或者义务，千万不能用食物奖励他，也不要用禁止他进食来惩罚他。重要的是给孩子营造轻松的进食环境，让孩子独立自主地进食。

很多父母总是为孩子吃得不够担心，就餐时整个家庭集中精力对付孩子，挑这样拣那样，给孩子造成一种压力。久而久之，孩子把吃饭变成一种负担，这不仅会影响孩子进食，还会给父母带来多余的麻烦。

父母要知道，只要给孩子提供适量的食物，知道他不会挨饿就足够了。只要孩子不太贪吃，应该让他觉得进食是一件愉快的事情，一件他想做而且能做的轻松自然的事情。但应该注意的是，不能让孩子觉得吃是生活唯一的乐趣，千万不能让他养成贪吃的习惯。

卡尔基本上没有进食过多的情况。到朋友家里，虽然主人常常热情地拿出点心之类来款待。但不管多么好的点心，卡尔一般坚决不吃。

朋友们看到这样的情形，认为孩子不是出于真心，是我管教过于严格。但事实不是如此，完全是儿子自愿的，因为他已经养成良好的饮食习惯。

朋友们在用其他孩子的标准来衡量卡尔，所以无法理解我儿子的自制能力。

其实，这一点也不难，只要从小就做这方面的教育，孩子们就会很容易做到了。

5. 贪吃会使孩子愚笨

胃过于疲劳会让大脑功能减弱，所以贪吃会使人变得蠢笨，我常常将这些讲给儿子听。其实，不仅是我，很多伟大的历史人物都注意到这个问题，特别是那些积极思考的大思想家、哲人。

哥罗德是我们附近有名的小胖子，听说他在很小的时候就和大人有一样的饭量，每天除了三餐外还不停地吃零食。

我曾经问过孩子怎么长得那么胖。本来我不爱打听，可是当我看见哥罗德那连走路都有困难的样子，我总会想到这个问题。

为了培养好儿子，我也经常询问别人是怎样教育孩子的，这样或许还可以改进一下我的教育方法。

他的父亲告诉我，他和妻子在年龄很大时才有了哥罗德，所以特别疼爱他。特别是他的母亲，简直把儿子当成了心肝宝贝。

他们给儿子吃最好的穿最好的，对孩子千依百顺。只要儿子想吃什么，他们都要绞尽脑汁给儿子弄到。

哥罗德的父母都体形较瘦，所以儿子这么胖他们也有些不快。但他们只是觉得长得太胖不好看而已，他们从来没有想过肥胖已经成了孩子的负担。

哥罗德被同伴们称为"小胖子"，他的行动缓慢笨拙以至于无法和别的孩子一块玩，甚至还有许多小孩子欺负他。每当受欺负后回家大吵大闹，他的父母哄他的唯一办法还是让他吃。他们只要给儿子吃喝好，问题自然解决。

哥罗德甚至在看书时也拿着点心在手中。我问过他的父母，孩子的学习成绩如何，他们只能边摇头边叹气。

每当他看书不专心，父母就会给他一块点心贿赂他，以为这样就能让儿子用心读书，这样的做法极为错误。因为这样影响了孩子学习不说，也让他形成扭曲的心理，他不会认为学习好会有奖赏，反而会以为只要不学习就会有好吃的。

哥罗德比卡尔还大两岁，但他的所有能力与卡尔比简直是天壤之别。

哥罗德为何会这样呢？我觉得完全归罪于他的父母不懂如何教育孩子，以为孩子需要吃喝就行，根本没有注意开发孩子的其他潜能。

这样愚蠢的父母也只能培养出愚蠢的孩子。

第十六章　让儿子具备良好的心理素质

父母都深爱自己的孩子，这是天性。可是，有些父母对孩子的爱有些"过分"了。他们常常不顾一切地呵护孩子，让孩子就像温室里的花朵一般成长。这是非常愚蠢的做法。

我想，如果片面强调照顾孩子的安全，而忽略教导他们应该勇敢，那么这样的孩子即使将来身体变得体魄强壮，也是个无用的人。充其量，也只能算是一块看上去坚强实际上软弱的沙石，不可能成为有用的人才。

孩子在感到不安时，会本能地向父母寻求慰藉，他们认为父母会关爱自己，因此为了确保能够一直获得这种舒适，有些孩子始终把情感的支点靠在父母身上。这些孩子把自己的情感独立权交到了父母的手上。

替孩子做太多事，反而会让孩子得不到亲自实践和锻炼的机会。不仅如此，过分地为孩子做事，实际上也会让孩子以为他什么也不会做，是个低能儿，失去父母的依靠就不能生活。这样长大的孩子，一旦走上社会就会变得无所适从，找不到父母般的照顾，他们的独立意识更无从谈起。

从一般规律看，逆境和挫折的情境更容易磨砺人的意志，经过逆境千锤百炼的人更具有生存力和竞争力。因为，这样的人更趋成熟。他们能把挫折看成一种财富，明白只有经过失败才可能成功，失败是成功之母，因此他们会笑对挫折、迎难而上。

1. 认识勇气的巨大价值

有些大人觉得危险的事情不适合孩子们做，实际上孩子是能够胜任的，只是父母出于疼爱或对孩子的能力缺乏认识，才会阻止孩子去熟悉新环境。受到过多呵护长大的孩子，自然具有缺乏勇气的弱点，这对他的人生会有不良的影响。

勇气是一个人积极进取的动力。

我在教育儿子时，把对他勇气的开发和培养看得很重。

勇气与其他方面的能力一样，是靠后天培养的，也是可以通过训练和培养而产生的。卡尔很小的时候，我就十分注意培养他的勇气，让他懂得勇敢的精神是何等的重要。

正如我所说的那样，卡尔并非天生就是个勇敢的孩子。小时候，他的胆子十分小，有时还不如一个小姑娘。

有一次，邻居的孩子莫丽在玩耍时由于太高兴便把帽子抛向空中。可是，她没有正确把握方向以至于帽子挂在了一棵树上。

莫丽想尽了一切办法，摇树杆，用石块打，但无论怎么都弄不下来。于是，她决定爬上去。

可是，由于她的个子很矮，也没有多大力气，好几次都爬不上树干。怎么办呢？她只好向卡尔求救。

卡尔的年龄比莫丽大一些，当时的个子也高出许多，按理说他应该可以爬上去，可是卡尔却拒绝了她。

恰巧我看到了，便走过去问卡尔："卡尔，你为何不帮助莫丽呢？"

卡尔说："这样太危险了，会摔下来的。"

我说："这棵树不高，不会有危险，你只要牢牢抓住树枝就行了，不会摔下来的。"

虽然我一再告诉卡尔没有危险，但他还是很害怕。于是，我便脱掉外衣爬上了树干。虽然我已经可以取下那只帽子，但我没有这样做，而是在树上跟卡尔说："卡尔，爸爸都能爬上来，你也可以来试试吧！"

见我这样，卡尔拒绝不了，他答应我试一试。

起初，卡尔仍然很害怕，可是当他爬上高处时，便不再害怕了。他大声对我说："原来一点也不可怕呀！"说着，他取下了莫丽的帽子还给了她。

从此以后，卡尔再没有像以前那么胆小了。

尽管很多人觉得我教孩子爬树有失风雅，但我确实这样做了。我认为，让孩子变得有胆量比那些所谓的保持风雅更为重要。

我十分赞同英国人培养孩子的一些做法，他们总是最注重培养孩子的勇敢精神。英国的小学生有所谓的童子军，他们经常组织小学生进森林探险。很显然，目的正是要孩子在险恶的环境里学习生存的本领，以锻炼他们的勇敢精神以及探索新鲜事物的热情。

有些大人觉得危险的事情不适合孩子们做，实际上孩子是能够胜任的，只是父母出于疼爱或对孩子的能力缺乏认识，才会阻止孩子去探索新的事物，这样只会剥夺孩子锻炼的机会。受到过多呵护长大的孩子会缺乏勇气，这对他的人生会有不良的影响。

对于孩子而言，一个碰伤的膝盖是容易治愈的，但自信心受伤是永远无法弥补的。对此，我深信不疑。

有很多事实能够证明，父母对孩子过分保护会让孩子失去勇气和自信心，变成一个没有勇气精神的人。这样的孩子很喜欢依赖别人，甚至认为自己是低能儿。不难看出，父母越是阻止孩子做事，孩子内心越感到失衡，有时还会产生逆反心理，执着地去做父母不让他做的事情。

在培养孩子勇敢精神方面，英国人的做法是值得我们学习的。我听说过：英国西南部的瓦伊河畔，有一个由少年探险组织建立的河流探险训练中心，他们专门为孩子提供探险活动的机会，以锻炼他们的勇气和坚强的意志。

在这里，孩子们每天一早就来到河边，由老师负责教他们游泳和划船。训练是非常艰苦而紧张的，每一次练习都有孩子落水，甚至有些人受伤。孩子们在这里不只是学习了划船等技术，更重要的是锻炼了他们的意志和勇敢的精神，同时也明白了团结合作的精神。

在英国很多地方都有类似的活动，他们的目的不是为了让孩子学习某种技巧，而是为了锻炼孩子的意志和勇敢精神，让孩子为以后的工作和生活做好各方面的准备。

我认为，这是一种值得提倡的做法。

2. 注意培养孩子的独立意识

这类依赖意识具有隐蔽性，所以对父母的教育有更高的要求。父母必须反思自己的教育是否出现这样一个想法：固然知道应该让孩子独立，但由于害怕失去孩子，而总希望把孩子安排生活在他们为孩子所设想的生活里。

我反复强调，孩子能做的事就让他自己去做。我对儿子的教育，一直都是按照这个准则去做的。

替孩子做他们能做的事，会打击他们的积极性，因为这样会让他们失去实践的机会，这样就等于和他们说："我不相信你的能力和勇气。"

卡尔的母亲在培养儿子做自己的事上表现得很好。

当卡尔学习穿衣服时，她就让他自己独立尝试。她一边示范，一边让他自己穿好。她也不催促他，而是慢慢地说："你能够自己穿上的，慢慢来，不行妈妈再帮你。你忘了，你是一个大孩子了。"如果卡尔还坚持他不能自己穿，她也不理会，继续鼓励他："你能自己穿上，妈妈闭着眼睛数十下，看看你能不能穿上。"这时卡尔可能继续努力，也可能哭起来。这时她就不再理他，当卡尔发现他的哭闹并不能让母亲同情时，他便愿继续尝试靠自己解决问题。后来，卡尔很快就学会了自己穿衣服。

我和妻子就是从这些小事上培养儿子的独立意识的。

在古代德国，贵族们会让孩子离家到另一个城堡的领地里进行学习怎样成为一名骑士。他们认为在孩子离家独立成长的过程中，能够让孩子具备一个骑士的素质和知识。

其实，注意考虑到了孩子的能力范围和性格特点，但是放手让孩子去锻炼挑战困难，让孩子自立自强，这种传统意识至今并未遭到摒弃，很多父母甚至认为这比传授孩子知识更加重要。这种做法应该极力推崇，我也是这样教育卡尔的。

孩子在感到不安时，会本能地向父母寻求慰藉，他们认为父母会关爱自己，因此为了确保能够一直获得这种舒适，有些孩子始终把情感的支点靠在父母身上。这些人把自己的情感独立权交到了父母的手上。

我认为，具有独立精神的人对自我感有强烈的需要，他们不借助依赖就能作出独立的决定，自我实现的方向指引着他们履行自己的纪律。"伟大的人们立定志向来满足他们自己，而不是满足别人。"

替孩子做太多事，反而会让孩子失去实践的机会。这样长大的孩子，一旦走上社会就会变得无所适从，因为家庭之外找不到父母般的照顾，他们的独立意识更无从谈起。

3. 锻炼儿子的心理承受力

从一般规律看，逆境和挫折更容易磨砺人的意志，在逆境中经过千锤百炼的人更具有生存力和竞争力。所以，这样的人更趋成熟。他们能把挫折看成一种财富，明白只有经过失败才可能成功，失败是成功之母，因此他们会笑对挫折、迎难而上。

我认为，每个人的自我欺骗的能力都是无穷无尽的，所以我要教会儿子对现实进行思考。一个人只有敢于面对现实，才会有所成就。很多人不能面对现实，整日沉浸在幻想之中，其实是一种对现实的逃避心理。

从一般规律看，逆境和挫折更容易磨砺人的意志。在逆境中经过千锤百炼的人更具有生存力和竞争力。所以，这样的人更趋成熟。他们能把挫折看成一种财富，明白只有经过失败才可能成功，成功是建立在失败的基础上的，因此他们会笑对挫折、迎难而上。

要想让孩子具备勇气面对挫折，必须从小磨炼他们的心理承受力。

挫折其实就是遇到困难，或者失败时的境况。当然这种感觉不好过，因为它让你的需要得不到满足。可是对意志力不同的人来说，挫折的意义就变得极为不同。

我常常告诫儿子，人的一生要遇到很多困难和挫折。我告诉他，心理承受力差的人很容易就被困难打垮，而一个坚强的人通常可以在挫折中吸取教训。我告诉他要接受失败，否则无法养成坚持的性格。我教他学会忍受失败带来的痛苦，并勇敢地面对它。

我教育卡尔懂得一个道理：犯错误，甚至失败都是成功必经的，关键是要尽自己的最大努力。

我告诫卡尔：无论在什么情况下都不能太过极端。有些爱走极端的孩子，甚至通过自残来避免失败，他们害怕不能满足父母和老师的期望而感到焦虑甚至恐惧。许多孩子在少年时代掩盖对失败的恐惧感通常会酗酒、打架。我认为，这些坏行为都是孩子在乎别人对自己的看法才逐渐形成的，这不是巧合。

许多经验告诉我们，只要从小培养孩子坚强、勇敢、自信，采用信任、理解、鼓励的方式帮助他们，那么，很多不良的极端行为都能够避免。

虽然，人总是不可避免地想逃避现实，但孩子始终要学会面对现实。我常常这样教育儿子，尽量让他的行为利己利人。

为了防止儿子自欺欺人，我教育他按照世界真实的样子去认识它，并做出恰当的反应和决定。

我对卡尔采取的做法是：不管有多痛苦，都要帮助他正确面对现实。当我向儿子解释事实，教他处理问题时，他就会渐渐明白：自己有能力来面对和应付那些最困难的处境。

每当这时，卡尔会说："我也一样能做到！"

4. 常和儿子玩"平静下来"的游戏

我认为，"平静下来"的游戏可以很好地教会儿子控制情感。儿子在遭到我取笑时，光告诉他该怎么做是不够的，同时还要告诉他应该如何控制住自己的情感。训练儿子认识和了解情感的反应十分重要，这样他就能慢慢学会自我控制。

我们知道，人就算有多大的力气也不可能把自己提起来，人要战胜自己不是一件容易的事，而能战胜自己就是要学会成功地控制自己。

我曾经用名为"平静下来"的游戏来训练儿子的自我控制能力。

卡尔要全神贯注地把绿豆中的红豆取出来。由于他太专心了以至于手都有些发抖。他需要在不碰到绿豆的情况下，把红豆轻轻拿起。这时我对着他的耳朵弄出点噪声，并不停地与他说话逗他，试图分散他的注意力。但卡尔完全不为所动，他慢慢地深呼吸，眼睛紧紧盯着目标。他知道，要赢得这场游戏，就不能受我的影响，集中注意力。他不断告诉自己："只看眼前的目标。"果然，他把红豆取出来了，而且没有碰到其他豆子。

和卡尔玩这种游戏，能够帮助他抵抗外界干扰。虽然游戏的内容很简单，但需要参与者集中注意力，具备动作协调能力。卡尔玩时，我能够在一旁以任何方式逗他，但不能碰他。

我认为，这种游戏对教会儿子控制情感很有用。儿子在遭到我取笑时，光告诉他该怎么做是不够的，同时还要告诉他应该如何控制住自己的情感。

训练儿子认识和了解情感的反应十分重要，这样他就能慢慢学会自我控制。

当控制能力得到加强，孩子才能更好地认识自己，以一种轻松的心情面对一些负面的事情，而不是一怒而起，这对他们在学习和生活上都有重要的作用。

5. 教会儿子尽力争取与果断放弃

八九岁左右的孩子都有很强烈的英雄情结，这几乎是孩子成长的必然。我了解他们的心理，他们那时可以说不完全懂事，而且对未来充满希望可是又太过着急，他们非常想成功和想征服世界。

很多父母主观地希望孩子成为他们想要的人才，一早为孩子选定专业方向，凭着自己的喜好去培养孩子，其实这对孩子的健康成长是极为不利的。

某些父母自己喜爱艺术就逼着孩子去学绘画和音乐，根本没有照顾到孩子的感受，也不会用有效而正确的方法引导孩子，这样做只能令孩子反感，抹杀孩子自身的爱好。每当看见那些被父母逼迫坐在钢琴前的孩子，我就感到十分心痛。

卡尔在早期教育中学到了丰富的知识，也有许多有意义的爱好。但这些都是他主动向我提出要学习的，他每做一件事都有强烈的兴趣。他在学习之中发现了乐趣，在快乐之中享受了美好的童年。

我一直鼓励儿子参加艺术方面的活动。他喜欢画画或者音乐，我都支持和鼓励他，因为这些爱好有助于培养他的想象力和创造力。但这并不意味着我要把卡尔培养成一个艺术家。当然，如果他有这个本意，他想成为艺术家又是另外一回事。

当孩子迷上了某种与他不相适应的事物时，父母有责任帮孩子做出正确的选择。因为多方面培养并不是要求面面俱到，还必须看看环境和条件是否许可，尤其要根据孩子的性格特点、兴趣爱好和发展前景而因材施教。年幼的孩子都很自信，即使面对无法逾越的困难和无数次失败，他们的自信也丝毫不会减弱，这当然是十分好的事。尽管有经验的人早就看出来不可能成功，小孩子却天真地坚信只要坚持下去他最终一定会成功。我认为，孩子有这样坚忍的毅力是十分让人赞叹的。但是，在孩子不能为自己选择正确的道路的时候，父母应该帮孩子一把。

我常常对卡尔说，能够争取的就尽量争取，机会渺茫的，应该放弃就果断地放弃。这是一种大智慧，也是对人素质的一种考验。

在儿子学习演奏乐器的时候，我们想着培养他的兴趣爱好，让他的手指变得特别灵巧，想通过音乐陶冶他的性情和开发他的智力，所以就算他偶尔弹错几个音也不会遭到我们的责骂，更不会因为这些失误而感到失望。孩子喜欢练琴，即使弹得不是很完美，也是一件好事，这样能培养他的兴趣也促进了他智力的发展。

记得卡尔大约八九岁的时候，有一天他突然说想成为一个英勇的武士，而不想读书了。

八九岁左右的孩子都有很强烈的英雄情结，这几乎是每个孩子成长的必然。我了解他们的心理，他们那时可以说不完全懂事，但是对未来却充满希望，他们非常想成功和想征服世界。为了让他彻底懂得做人的道理，我并没有简单地否定他，而是先给他讲了当武士的必要条件，然后再慢慢开导他。

"儿子，你忘了我跟你讲过的故事了吗？那些东方的武士是怎样的英勇啊！"

"是啊，我就是想要变成那种英勇的武士，我要行侠仗义杀富济贫来救助穷人。"儿子充满憧憬地说。

"可是他们从小苦练武功，因为访遍名山拜师求艺，最终才能成为大英雄。"

"你想当武士也行，但爸爸又不会武艺，在我们这里也没有身怀绝技的老师，你怎么学呢？"我问道。

"我就到东方去，去中国，去日本……"

"那当然好，可是你确定到了东方就一定能找到那样的老师吗？找到后他又一定会教你吗？何况，我给你讲的那些故事毕竟只是故事，很多都是编造出来的，不一定是真实的。你想想，一个人能够一下跳几十米高吗？我就认为那是不大可能的，那是人类永远无法达到的。那些故事是为了让人娱乐，增强人们的想象力。我之所以给你讲那些故事，只是为了让你学习那些武士勇敢的精神，并不是一定要让你成为真正的武士。"

这时，我看见儿子的表情特别失望，垂头丧气，于是我又继续开导他。

"再说，当今的时代与古代已经完全不同了。古代的英雄和将军都必须亲自赤膊上阵打败敌人，必须自己拿着刀剑上战场厮杀，那是因为当时的科学比较落后。现在的将军更强调的是要有过人的智慧，他必须掌握各种各样的知识，而不是仅仅凭着武艺去拼杀。"

"儿子，你要记住，每个人都各有所长，也当然有自己的缺点。你要清醒地知道自己的长处。你看，你的数学、语言和文学都是十分优秀的，你干吗要放弃它们呢？如果你成为文学家，那会为人类创造巨大的精神财富；如果你将来成为发明家，会为人们发明出多少有用的东西啊！只要你发挥长处，你就会在不同的领域之中成为不同的英雄，对待那些不适合你做的事就应该勇敢地放弃。其实，能够真正面对自己本身的人，才是真正的大英雄。"

卡尔听我这样说，霎时恍然大悟。他这时对英雄的含义才有了真正的认识，也懂得了什么时候该放弃什么时候该争取的道理，这对他以后的人生道路起到了积极的作用。在以后的日子里，无论他面临怎样的境况，我相信他都能够理智地做出正确的选择。

6. 注重保持儿子的精神卫生

我认为，不仅仅要预防那些不良的东西，还要让孩子免疫，让孩子在纯净的没有病毒的精神世界中健康发展。这样，孩子就会像打了预防针一样，即使碰到精神病菌，他们受到的毒害也会减少。

在教育卡尔的时候，我十分注重培养他追求真理的精神。追求真理是一个从愚昧的深渊走向光明的过程。

很多父母在教育孩子的时候无视孩子追求真理的精神和求知欲。他们无形之中把孩子教育成了市侩的、只会点手艺的人。他们教育孩子似乎只有一个非常功利性的目标，就是教育孩子怎么赚钱。在我看来，这些都是些庸碌之辈。

有些愚昧的父母不但不耐心地去教育孩子追求真理，反而想出许多乌七八糟的东西灌进他们的脑子。这样做的结果，只会让孩子变得日渐愚蠢和无能。不仅不能让孩子学到有意义的知识，还损害了他们本来健康的思想。

有些父母为了管教孩子，或是闲着无聊，喜欢给孩子单纯的头脑中传授灌输那些充满恐怖和迷信的故事，让孩子从小就不懂得怎么追求真理，他们的做法让孩子无法判断周围的一切事。本来孩子就已经很幼小脆弱，他们正处在需要父母帮助的时候，而那些迷信却将他们的思想引向了歧途。

在幼儿时期给孩子灌输的恐怖迷信会在孩子的心中恶劣地蔓延，也是致使孩子精神异常的病因。所以，我坚决反对给孩子讲关于恶鬼、幽灵、地狱和妖怪之类的故事。用这些故事来恐吓孩子是十分有害的，它直接影响到孩子的内心世界，也直接阻碍了孩子心理健康的成长。

生活中，特别是在民间，孩子受恐怖和迷信等方面的影响很多，我们要采取必要的防范措施，尽力不要让它们影响孩子的思维。

我认为，不仅仅要预防那些不良的东西，还要让孩子免疫，让孩子在纯净的没有病毒的精神世界中健康发展。这样，孩子就会像打了预防针一样，即使碰到精神病菌，他们受到的毒害也会减少。

我曾经请教过精神病专家，他告诉我竟然有几百万可以被称之为机能性精神病患者的人，他们的病因多数是因为在幼儿时期遭到过惊吓，或遇到过恐怖的事，或是听过让他永远不能忘记的恐怖故事。专家还告诉我，如果小时候教育得好，是能够避免的。而且，好的教育会让机能性精神病大大减轻。由此看来，除了医学，拯救人类的主要手段只剩下教育了。

为了让我弄明白，那位热心的专家还特地让我见了他的病人。其中一个26岁的青年，他的病叫抑郁症。他陷入了胡思乱想中，认为自己犯有不可饶恕的罪行，自己将来一定会被打入十八层地狱永不超生。他被这样的恐怖缠身，样子十分可怜。医生对他进行分析，知道在他五岁时，在学校里被女老师灌输了地狱的恐怖情景所致。

还有一个抑郁病患者，她其实是一位牧师的妻子。她几乎什么都怕，怕天黑，怕黑暗的地方，永远不敢独处，夜里不敢睡觉，一睡着就做噩梦。所以她的眼睛空洞，精神萎靡，令人怜悯。医生告诉我，他曾细致地分析过她的病，最后证明，她同样是由于小时候，教会的某个牧师老是给她灌输恶鬼的故事所致。

当我听到这样的事，顿时感到十分悲哀。牧师的职责本来是帮助他人从黑暗之中走向光明，可是我的同行却做了相反的事。他的鬼故事把一个善良的女人引向了地狱。他不是一个好的牧师，是一个罪人。

有一次，卡尔问我世上有没有魔鬼。我对他说可以说有也可以说没有。他觉得我的回答十分奇怪，因为我没有给他确切的答复。

"我认为是有的。"卡尔说。

"为什么呢？你见过魔鬼吗？"我问儿子。

"我没有亲眼见过，可是人们都说有。"

"既然没有见到过，你就不能说有，因为人只能相信自己亲眼见过的事物。"

"可是，为什么人们都说有呢?"

"那是无知的人瞎猜想。"我说道。

"那么，爸爸，你为什么说又有呢?"卡尔问到底。

"其实，魔鬼只会存在于人的心中。"看着儿子那副认真的模样，我认为有必要给他说清楚，"善良的人心中没有魔鬼，而那些坏人的心中就一定有魔鬼。那些无恶不作的坏人你觉得他们和魔鬼有什么不一样吗? 他们整天无所事事还做许多有损他人的坏事，他们不是魔鬼又是什么呢?"

"儿子，你要记住，如果一个人心中充满光明，他会正直地做人，尽力帮助别人，尽力行善，同时为他人着想，那么他就是天使。如果一个人总是想着自己，喜欢干坏事，那么他就是魔鬼。一个人只要心中光明才能战胜邪恶和那个无恶不做的魔鬼。"

"爸爸，我明白了。世界上的确是有魔鬼的，就是那些无恶不做的坏人。我一定会做一个正直的人，然后我就不会怕魔鬼了。"卡尔顿时神采飞扬，他不但解开了心中的迷惑，还明白了做人的道理。

第十七章　我教导儿子如何与人相处

　　积极的沟通是促进父母和孩子交流的一种方式，也是教育孩子的重要途径。

　　我认为"倾听"是一种十分好的教育方式。因为倾听对孩子来说是一种尊重，父母对他们表达关心，这也促使孩子去认识自己。如果孩子觉得自己能对任何事物自由地提出自己的意见，而他的认识又没有受到父母的轻视，这样能够促使他无所顾忌地发表自己的意见。

　　我认为沟通是一种美好的艺术。比如孩子说希望在情感上保留空间，说明他情绪波动很大，极度需要我们的安慰，在这些时候，我会拥抱儿子，给他关切的信号。有时候我会以书面的形式，写在纸条上，这让关怀显得更加真实可信。

　　另外，我认为沟通和理解是最重要的。家庭中对沟通技能、方法的掌握与学习，与孩子未来社会适应能力的高低紧密相联。如果一个孩子从小在家庭中学会了与家庭成员沟通的技巧，当他走入社会时，他也能很快地与他人沟通。

1. 倾听是一种教育艺术

我认为"倾听"是一种十分好的教育方式。因为倾听对孩子来说是一种尊重，父母对他们表达关心，这也促使孩子去认识自己。如果孩子觉得自己能对任何事物自由地提出自己的意见，而他的认识又没有受到父母的轻视，这样能够促使他无所顾忌地发表自己的意见。

一个再聪颖的孩子，如果他不知道如何与人交往，那他将来不大可能会有所作为，即便他是个所谓的神童，也很难做出什么惊天动地的事来。如果一个人局限在自己的知识之内，而不懂得与人交流，那么他的潜能根本不能施展出来。这样的话，即便这个人多么才富八斗，那只是个闭门造车的书呆子。

教育卡尔的时候，我一直十分注意对他和人交际方面的培养。我常对卡尔说："善于与人交往的人会觉得一切都很顺利，反之他就会处处碰壁，以至于一事无成。"

有一天，一位朋友说起了他家里的事："我们常常会出现问题，可是又不愿意真诚地说出来，因为害怕或者觉得丢脸。大家全都是这样，包括我和妻子，还有孩子。"

我告诉他："如果大家能够痛快说出心里话，我建议你举行家庭会议，每个人都能够在会议上发表自己的意见。"

朋友听了我的建议，他们给每人买了一个笔记本，然后让大家写下自己认为其他人对自己做错的事情。然后他们规定一个时间举行会议，每次选出一个新领导，由他来安排所有事情。

后来朋友告诉我，家庭会议使家里气氛好多了。一开始，他们还有所顾虑。可是到了后来，大家都愿意畅所欲言，后来那些矛盾都不知不觉地消失了。

以前，孩子们不敢和他多说一句话，妻子也觉得十分害怕他，他自己也很不自在。现在，孩子们真诚地向父母说出他们的情感，他们希望父母在晚上可以陪他们一起玩，父母也毫不犹豫地答应了，但同时也提出了要求，就是孩子要及时上楼、吃饭和洗澡。他们一家人都十分赞成这种交谈方式，这让父母与孩子能够轻松地畅所欲言，大家都乐于去实行民主的决定，家庭的情感沟通和家庭教育都收到了理想的效果。并且，他和他的妻子的感情也恢复到新婚时那样美满。

家庭生活可能会让家人之间产生心理隔阂，但同时家庭也具备一种积极的力量，家庭成员应该主动地利用这种力量来解决所遇到的问题。

如果父母采取积极的方法解决冲突的话，让全家人在家庭会那和谐融洽的气氛之中把建议提出来，要是建议具有建设性，就会收到较为满意的结果。

我从卡尔3岁起就让他加入家庭会议，与我和他母亲和佣人讨论一些问题。尽管他那时不是每一个字都懂，但他已经知道，家里发生了什么事，别人相互间是怎样交流交谈的，解决一个问题需要怎样做。

家庭会议涉及家庭教育中许多具体却重要的细节，而很可能会被父母所忽略。如母亲表示，她的孩子要是可以帮她洗晒衣服，她一定会很高兴的，把握这些孩子会在意的细节，有助于他们更加深入地了解孩子。这种深入的了解让孩子越来越信任父母，也更乐于接受父母的教育。

我每天都会在卡尔入睡前留一段时间，来听孩子说说今天发生了什么事情，很多时候儿子都会作出评价，什么事情做得好，什么事情做得不好。在阐述事情的过程中他逐渐习惯了怎么反省自身，而我们也对儿子的个性和待人处事的方式有清楚的了解。我认为，父母总是希望孩子对自己敞开心扉，想让孩子无论遇到什么事都与自己商量或者征求意见。所以父母首先应该营造真心倾听孩子的氛围，赢得孩子的信任，才能做到与孩子无拘无束地交流。

在与儿子的交谈中，对于他不正确的想法，我会及时地教导他，并给他讲道理。

有一天，卡尔对我说，他非常不喜欢布劳恩夫人。我便问他为什么，他说布劳恩夫人很少对着他笑，一点也不和蔼亲切。

我对他说："你不喜欢布劳恩夫人是因为她不亲切，很少笑。可是其他事情你可能不了解，其实布劳恩夫人心地很好，如果你主动对她表示友好，她一定会很高兴的，你们会和睦相处的。"

晚餐是一个最美好的时刻。我们会在餐桌上讨论家庭问题。这个时候，我绝对都不许有任何人来打断我们。那时候，每个家庭成员都有机会讲出自己的想法。我发现，利用这种机会与儿子沟通交流的效果确实与平常不大一样。

我绞尽脑汁让我和家人能和儿子有良好的沟通，这些办法不仅加深了我和妻子对儿子的了解，也教会儿子应该怎样去和人交往，以培养儿子以后能够善于与他人交往的能力。

2. 相互理解是一种重要力量

我认为，沟通和理解是最重要的。家庭中对沟通方法的掌握与学习，与孩子未来社会适应能力的高低紧密相联。如果一个孩子从小在家庭中学会了与家庭成员沟通的技巧，当他走入社会时，他也能很快地与他人沟通。

许多家庭问题之所以会发生，如家庭成员之间情感淡漠、孩子性格心理上存在缺陷，等等，都与家庭中的沟通有关，往往起源于相互之间不能很好的理解。

就拿孩子的撒谎行为来说，很多时候就是由于孩子感到了与父母处于不平等的地位，他们认为父母不愿意理解他们做的某些事，而会对他们所犯的错误严厉斥责，所以他们就选择不把真话说出来。

我弟弟的孩子维尔纳曾经在我家生活了一段时间，他是卡尔的弟弟。

维尔纳十分可爱，我们都很喜欢他，在那段时间，卡尔母亲很疼爱维尔纳。这样一来，卡尔突然觉得自己母亲的爱全都去了维尔纳身上。

卡尔认为父母的疼爱被弟弟夺走而产生了不平衡的心理。卡尔的母亲却希望他学会调整自己的心态和举止，处理好与人相处的问题，消除对其他人的敌意。

卡尔的母亲郑重地对两个孩子说："我建议你们要搞好团结，因为你们已经是有理智的孩子了。卡尔，你是不会伤害弟弟的，对吗?"这样，妻子就把一个关心者的角色交给儿子。在这以后，卡尔有了一个责任感，对弟弟十分照顾，再也没有闹情绪。

在一次家庭会议上，我们全家人计划在周末搞一次野炊，卡尔选定野炊的地点和宣布出发时间。我和卡尔母亲加以表决，大家在本子上记下要素。在家庭会议中，就算我们对儿子的想法有不同的意见也并不会急于提出批评，而是让他自己做出正确的决定。

我认为沟通和理解是最重要的。家庭中对沟通技能、方法的掌握与学习，与孩子未来社会适应能力的高低紧密相连。如果一个孩子从小在家庭中学会了与家庭成员沟通的技巧，当他走入社会时，他也能很快地与他人沟通。

只有这样，孩子才有可能成为一个全面发展的优秀人才。

3. 骄傲自满是与人和谐相处的最大障碍

有些人能和谐相处，是由于两人之间并没有难以逾越的鸿沟，特别是心理上的距离，而有些人正是由于有了这种距离，所以总是没办法和他人沟通、交流。人都有虚荣心，卡尔亦然，而且自从他的才华得到广泛认同之后，他的性情便开始有了一些变化。

在卡尔长大之后，我开始进一步教导他怎么和谐地与人相处。对于卡尔，要他毫无障碍地与人交际似乎有一定的难度。因为，他毕竟获得了大多数同龄孩子没有得到的东西，比如学问和名声。有些人能和谐相处，是由于两人之间并没有难以逾越的鸿沟，特别是心理上的距离，而有些人正是由于有了这种距离，所以总是没办法和他人沟通、交流。人都有虚荣心，卡尔亦然，而且自从他的才华得到广泛认同之后，他的性情便开始有了一些变化。

有一次，我带卡尔去教堂做弥撒，他的表现令我既吃惊又气愤。

人们看到卡尔，都走过去热情地打招呼。这本来是一件令人十分自豪和荣幸的事，可是卡尔没有给予人们同样的回报。

他既不微笑也不问好，只是冷冷地点了点头，一副冷漠的样子。

那些人大多是我们的乡亲和友人，他们看到卡尔如此冷漠都很诧异。一些人还很吃惊地看着我，那时候我感到既尴尬又难受。

回到家后我马上问卡尔："卡尔，你今天怎么这样？"

卡尔反问道："我怎么啦？"

我说："你今天为什么对人们那么冷淡？"

卡尔说："我没有对他们冷淡呀，我向他们点头了。"

我说："可是你的态度明显不同以前，你这样做就是在给自己安放障碍。"

卡尔不服气地说："有那么严重吗？我只是觉得我应该更稳重一些。何况那些人与我没有共同语言。"

听到这样的话，我马上明白了，他肯定觉得自己如今已经是个"名人"了，就可以不把周围的人放在眼里了。

我想讲大道理已经不行，要让他尝到苦头才能让他改变错误的看法，于是，我不再多说。

不久，我发现卡尔突然不高傲了反而是极其的沮丧。

有一天，我看见卡尔坐在凳子上发呆，便走过去问他："卡尔，你怎么一个人坐在这儿呢？怎么不去找小伙伴们玩？"

卡尔难过地说："我去过了，可他们都不想和我玩。"

我问"为什么呢?"

卡尔说:"我也不知道,他们一见到我就躲开。"

原来,由于卡尔平时在他们面前很傲慢,并经常炫耀才能,久而久之,那些小伙伴们都开始讨厌他,最后干脆就不和他交往了。

我看见卡尔已经为傲慢付出了代价,觉得能够讲道理了,便抓紧时机开导他:"卡尔,你是个很不错的孩子,在各方面都获得了优异的成绩,这些是值得你自豪的。可是,你不要忘了,一个优秀的人仅仅拥有能力和知识是不够的,你还需要许多关心和支持你的朋友。前一段时间,你因为获得了他人的赞誉便骄傲起来,总觉得自己比所有人都要聪明,甚至看不起身边的人,这些心态和做法都是很愚蠢的。你实际是在为自己的将来设置障碍。要知道,如果你想成为真正有用的人,就必须先学会妥当地处理与人交往的问题,否则,你会处处碰壁。"

听我这样讲,卡尔似乎明白了其中的道理,他迫不及待地问:"那么,我现在应该怎么做呢?"

我说:"这很简单,友好地对待他人。你慢慢一定会获得别人的尊重,也会有越来越多的朋友。"

从此以后,卡尔再也没有把自己当作所谓的"神童"和"天才"来看待,而是用谦虚的态度对待他人。与此同时,他也获得了他人的尊重。

4. 教会儿子掌握人际交往的尺度

友好地对待他人这当然是正确的,可是人的内心世界是非常复杂的,有些人你不了解,也不知道他和你交往的用意,这时候你应该学会观察,以便正确地知道对方的想法。在不了解的人面前,更应该注意与之交往的尺度,做事不要太直接或太过分,这样对谁都会有好处。

在教育孩子的时候,人们普遍认为不宜太早培养孩子的社交能力。他们的理由是，孩子的心地是单纯和无知的，应该保持这种可贵的东西。也有人认为，过早教孩子怎样处理人际关系会破坏孩子那颗可贵的纯真之心，对孩子十分有害。

我认为，人类社会是一个非常复杂的组合体，人们对于生活都有各自不同的想法。孩子毕竟总有一天会走向社会，去面临生活中的各个方面。如果不尽早学会如何妥善处理人际关系，那么他将会变得寸步难行。

有些人指责我把孩子往奸诈的方面引导，其实我的本意不是如此。在我看来，这些说人际关系"肮脏恶劣"的人才是最可耻的，因为他们错误地解读了人际关系的真正含义。甚至，他们的某些做法已经远远突破了正常交际的范畴，做一些是非不分的事。这样的人才应该遭到指责。

在我看来，人际关系原本不是什么不好的东西，只是许多人都曲解了它。我想，只要正确地引导孩子，以合适的方式让孩子正确地认识人际关系，那么对孩子的将来一定会大有益处。

自从卡尔进入哥廷根大学之后，由于生活环境的改变，他接触的人越来越多，怎么处理人际关系变得越来越重要。

有一次，卡尔的哲学老师来到我们在哥廷根的临时住所，想对卡尔以前受教育的状况以及平时的生活作一些了解。

老师的到来让卡尔十分高兴。他对老师格外热情，丝毫没有把老师当外人看待。

可是，对于卡尔的热情，这位老师没有给予回应，似乎有一种无形的东西在约束着他。

虽然在日常生活中，我是一个很爱开玩笑的人，但今天我却表现得十分彬彬有礼，对老师始终保持着很客气的谈话方式。

老师走后，卡尔很奇怪地对我说："爸爸，你今天有点奇怪。"

我说："怎么会呢？我和平常一样呀！"

卡尔说："你平时很随便，为什么今天显得那么拘束呢？"

我说："你没见到那位老师的表现吗？他也没有很随便啊！"

卡尔问："为什么呢？如果他不喜欢咱们，那为什么要来我们这里呢？

既然来了，为什么又显得不太高兴呢？"

我说："其实他并不是不高兴，只是和我们不太熟，这是能够理解的。爸爸也是这样啊，由于和老师不熟，所以我的表现也与平时大不一样了。"

卡尔说："好奇怪！在老家的时候，人们通常一见面就会热情地打招呼，根本不会考虑什么熟与不熟，为什么到了这里之后就要想那么多呢？"

见卡尔还不能理解人与人关系的微妙，我便耐心地给他讲解："以前我们居住的乡村，那里的人们都比较单纯。可是现在我们住在城市里，环境变得不同了，当然在某些方面也要有所改变。友好地对待他人当然很好，可是人的内心世界是非常复杂的，有些人你不了解，也不知道他和你交往的用意，这时候你应该学会观察，以便正确地知道对方的想法。所以，在你不了解或者不太熟悉的人面前，你更应该注意与之交往的尺度，做事不要太直接或太过分，这样对谁都会有好处。"

我想，虽然卡尔对我的话并不一定可以完全理解，但让他知道这些事对他将来的人生一定会有益。

事实上，卡尔一直是个很好相处的人。跟他接触过的人都说他是个懂事、很懂得分寸的人。很显然，这也是促使他赢得辉煌人生的原因之一。

第十八章　我最理想的教育方法

我会根据儿子的兴趣爱好进行精心的安排，首先是住宅，我不会在房间里放置任何不协调或者没有情趣的东西。墙上也总是贴着让人心情畅快的墙纸，并且挂上精心挑选的画。

除了绘画，我还培养儿子的文学兴趣。我从小就给他讲很多有趣的故事，到他能够自己阅读时，我把好的文学作品推荐给他。所以卡尔很小就成了一个十足的文学通，他几乎能背出所有的名诗，他也十分喜爱，并且很早就会写诗。

我不想把儿子培养成学识渊博却又冷漠无情的人，一旦一个人失去感情，只会变成一台冷冰冰的机器，无论他有多大的才华，也仅仅是机器的一块零件而已，能否陶冶好孩子的性情直接关系着他将来的幸福。

很多父母为了培养孩子的爱心，同时陶冶他们的性情，往往通过有意义的宗教活动和豢养小动物来教育孩子做人要热爱生活，从而培养孩子的社会责任心。这些做法是值得称赞的，我也是这样去教育儿子的。

我之所以这样教育儿子，是为了让他能够在对待他人时将心比心。由于我严格的管教和指导，最终让卡尔成了一个心地善良的人，最终成为一个得到别人尊敬和喜欢的人。

1. 精心栽培儿子是想让他成为一个接近完美的人

我一直重视对儿子各方面的教育，不单单是学习知识。他在少儿时代就是一个十分健康、活泼的少年。他有健康的身体，还有丰富的学识和修养，也具备优良的道德品质。这些都是我希望的，他也做得非常好。

我想让儿子接近完美，是想让他的一生都在情趣和幸福之中度过。

我认为，为了让孩子的一生幸福，生活可以丰富多彩，父母有义务让他们具备文学和艺术的修养。

我的教育理想是要培养一个身体和精神全面发展的人才。我十分重视培养儿子的品德、智力、身体各方面全面的发展。

脑子里只有知识的人一定是一个只会读书的书呆子，这种人很难成就事业，我不愿意儿子将来变成这样。

有的人拥有强壮的体魄，但如果没有知识为后盾，他们的强壮其实是十分单薄的。这种人个性粗暴木讷，不太可能对社会有贡献。还有些人因为缺乏教育，他们会变得无知愚昧，甚至性情凶狠残暴，他们不仅不能成为人才，还会为社会造成极大的危害。

我一直重视对儿子各方面的教育，不单单是学习知识，他在少儿时代就是一个十分健康、活泼的少年。他有健康的身体，还有丰富的学识和修养，也具备优良的道德品质。这些都是我希望的，他也做得非常好。

与此同时，我还会注重培养儿子的多种爱好。

卡尔的母亲说，婴儿时期的儿子要听着歌才肯吃奶，只要他一听见歌声就乖了。只要她一唱歌，儿子就会全神贯注地听，还哼哼着想学。如果在他面前跳舞，他更是高兴得不得了。

有一天，妻子兴奋地对我说："咱们的小卡尔看上去多机灵啊！今天我在他面前哼了几句歌谣，他竟然学我又哼又舞起来，虽然只是乱晃胖胖的小手，但他已经是在跳舞。"

听到妻子的话我十分高兴。这种手舞足蹈虽然只是模仿，但创造多半是从模仿开始的，而且模仿也是一种可以发展的能力，需要成人及时鼓励，以增强孩子对事物的兴趣和信心。

我教会他认识水中倒影和阳光下的阴影，他还很喜欢注视自己手的影子，小手一翻一翻的，十分有乐趣。

我会根据儿子的兴趣爱好进行精心的安排，首先是住宅。我不会在房间里放置任何不协调或者没有情趣的东西。墙上也总是贴着让人心情畅快的墙纸，并且挂上精心挑选的画。

我们全家人在衣着上都保持朴素和雅致。一家人都衣帽整齐，打扮得干净利索。

我在房子周围修上精致美丽的花坛，栽上各种各样从春到秋都开放的花卉。

有一次，我看见卡尔蹲在地上研究着什么。我小心翼翼走到他的身后，发现原来他是在用小树枝在地面的泥沙上画画。我仔细一看，竟然是一幅非常完整的画，天上有太阳和云朵，地面上有树木和田野，田野间还有几个农夫在种地。我之所以说它完整，是由于在画面中包含了丰富的内容，而且构图十分完整，其中的线条还带有韵律感，完全不像一般孩子的涂鸦之作。

"卡尔，你喜欢画画吗？"我问道。

"是的，画画很有意思。"儿子回答着。

"你为什么画画呢？"

"我觉得田野很美，很想把它画下来。"儿子说道。

"那你想不想当一个画家呢？"我问。

"我不知道，可是画画太好玩了，我常常可以看见白云在不停地变动。"

听儿子这样说，我心中窃喜。虽然我不一定要把儿子培养成艺术家，可是画画却在培养他的观察力。

后来，我买来笔和纸，让他培养自己的爱好。除了绘画，我还培养儿子的文学兴趣。我从小就给他讲很多有趣的故事，到他能够自己阅读时，我把好的文学作品推荐给他。所以卡尔很小就成了一个十足的文学通，他几乎能背出所有的名诗，他也十分喜爱，并且很早就会写诗。

2. 陶冶孩子性情的方法

很多父母为了培养孩子的爱心，同时陶冶他们的性情，往往通过有意义的宗教活动和豢养小动物来教育孩子做人要热爱生活，从而培养孩子的社会责任心。这些做法是值得称赞的，我也是这样去教育儿子的。

我不想把儿子培养成学识渊博却又冷漠无情的人，一旦一个人失去感情，只会变成一台冷冰冰的机器，无论他有多大才华，也仅仅是机器的一块零件而已，能否陶冶好孩子的性情直接关系着他将来的幸福。

有些父母给了儿子优越的生活条件，但是因为没有注意对孩子爱心的教导，他们慢慢变得一切以自己为中心，自私自利，日益冷漠，对他人漠不关心。

我认为，激发孩子的爱心和对社会的责任心非常重要，家庭教育应该承担这样的艰巨任务。

卡尔三岁时，有一次家里来了好多人，他们和卡尔侃侃而谈。

这时，我们养的小狗跑了进来。卡尔一把拉住了小狗的尾巴，并把它拉到自己身边。

我看到后，也马上揪住了卡尔的头发，拽住不放。卡尔大大吃了一惊，拽着狗尾巴的手放开了。

与卡尔放手的同时，我也把手放开了。

我问儿子："卡尔，你喜欢这样被人拽着头发吗?"

卡尔红着脸说："一点也不喜欢。"

　　"如果是这样，那么对狗也不应该这样。"说完，我就让他到外面去了。

　　我之所以这样教育儿子，是为了让他能够学会将心比心。由于我严格的管教和指导，最终让卡尔长成了一个心地善良的人。他对同胞怀有感情，最终成为一个得到别人尊敬和喜欢的人。

第十九章　我的儿子是一个拥有幸福的天才

这个名为卡尔·威特的少年，是威特博士的儿子。作为一个天才，他十分健康活泼，没一点傲气，尽管具备如此渊博的知识和令人震惊的才华。无论是精神还是身体，这孩子的发展都十分的完美。据他的父亲威特牧师说，这个少年的才能是源于合理的教育，并不是天生的。

卡尔·威特9岁就具备了十八九岁的青年们都几乎不具备的智力和学识，这是他父亲对他进行早期教育的良好结果。他具备文学、历史和地理等多方面的十分丰富的知识和学问。所以说威特博士的教育方法的成功一点不亚于其儿子的惊人学识，实在令人惊叹。

由此可知，适当的早期教育可让儿童的能力发展到令人无法置信的程度。经过早期教育的卡尔能熟练地翻译意大利语、拉丁语、法语、英语以及希腊语的诗词和文章。很多学者都曾经考问过他，可是没有一个不为他的学识而折服。

威特博士曾经说过，复活节的假日一到，我就带着儿子去旅行，这件事很让人们不解，他们以为我一定会利用假期拼命帮助儿子复习功课。我的朋友们确实是这样规劝我的。但是我却回答道："我从来不打算让儿子作一个供人观赏的玩物，我认为儿子的健康和见闻比学问更加重要。"总之，他们都感到极为惊异。

1. 卡尔的非凡学识惊动了整个德国

这是 1808 年 5 月的事情，那一年卡尔只有七岁零十个月。我作为父亲，看到这样令人振奋的情景感到十分激动和愉快，也不由自主地产生骄傲自豪之情。

梅泽堡中学的教师琼斯·兰特福先生对卡尔的教育情况产生了浓厚的兴趣。当时，他说要是每个孩子都能像卡尔那样就好了，他邀请卡尔到学校作访问，激励在校的孩子们。兰特福先生让卡尔当着其他孩子的面接受他的学问考核，以便让那些学生都感到心服口服。

起初我认为这样会让卡尔骄傲自满，于是拒绝了他的请求。可是，在他的再三请求下，我最终答应了。但我要求不让卡尔知道这件事的用意，同时交代学生不能赞扬卡尔。

兰特福先生是希腊语教师，这一堂课正好是他在讲解课文《波鲁塔克》。当他提出问题时，没有人积极回答，因为问题对于学生们的确有些难度。

于是，兰特福先生就请卡尔回答。在学生们的惊讶之下，卡尔十分轻松地回答了所有问题，而且解释得非常清楚。

接着，兰特福先生又把用拉丁语编写的《恺撒大帝》交给卡尔后并提出问题，卡尔还是毫不费力地解答清楚。然后，他又让卡尔朗读意大利文的书籍，卡尔不仅读得流利而且发音标准。于是，学生们立刻被卡尔的本领所征服。

兰特福先生还想考察卡尔的法语，就用法语和卡尔交谈起来。可卡尔就像说德语那样轻松地说法语。

最后，卡尔不仅解答了他提出的有关希腊历史和地理的问题，还圆满地解答了很多高深的数学问题。在场的老师和学生惊呆了，他们似乎完全不敢相信发生在眼前的事情。

这是 1808 年 5 月的事情，那一年卡尔只有七岁零十个月。我作为父亲，看到这样令人振奋的情景，感到十分激动和愉快，也不由自主地产生了骄傲自豪之情。

1808 年 5 月 23 日，也就是卡尔接受兰特福先生考察后的第三天，《汉堡通讯》对此事作了一份详细的报道。那份报道的标题是《本地教育史上的一起惊人事件》，文章中这样写道：

> "这个名为卡尔·威特的少年，是威特牧师的儿子。作为一个天才，他十分健康活泼，没一点傲气，尽管具备如此渊博的知识和令人震惊的才华。无论是精神还是身体，这孩子的发展都十分完美。据他父亲威特牧师说，这个少年的才能是源于合理的教育，并不是天生。遗憾的是，谦虚的威特先生并没有对此细谈。"

不久后，各地的报纸都转载了这份关于卡尔的报道。于是，卡尔的名字瞬间轰动了整个德国。

2. 莱比锡大学的入学邀请

他具备人类有史以来文学、历史和地理等方面的十分丰富的知识，这些都是他父亲教育的结果。所以说他父亲的教育方法一点不亚于其儿子的学识，令人惊叹。这个令人钦佩的少年十分健康、快活和天真，十分难得。只要今后继续进行教育，其发展是不可估量的。

人们自古以来都十分尊重学者。由于卡尔的非凡学识，他顷刻间就名扬天下了。莱比锡大学的一位教授打算让卡尔进莱比锡大学学习，他们建议我让托马斯中学校长劳斯特博士考核卡尔的学识。

我觉得这样的考核有些为难，因为我教育卡尔的本意只想让他掌握更多的知识。另一方面，我担心这些学者会乱出考题，有害于卡尔的学习。可是，我经过与劳斯特博士交谈后发现他是个明白事理的学者，所以我最终同意了他们的建议。

我向劳斯特博士要求，必须做到不能让卡尔察觉到是在考试的情况下接受他们的考核，劳斯特博士同意按照我说的去做。虽然考试方式不是很正规，但结果仍然让人十分满意。

考试过后，劳斯特博士就给卡尔写了入学证明书。内容是："今天我根据要求，对一个9岁的少年卡尔·威特进行测验。他不仅语言学知识丰富，而且具备各方面的渊博学识。"劳斯特博士还向莱比锡大学校长写了一封信，强调虽然卡尔只有9岁，但已经完全具备上大学的条件，并劝说校长不要因为世俗的眼光而拒绝卡尔的入学。

后来校方同意卡尔于第二年1月18日入学。

入学那天，我带着卡尔去见了校长，琼斯博士同我们谈了许多话。同时，他向市里的名流权贵写了一封信，信中说道：

> 这个名为卡尔·威特的少年，是威特牧师的儿子。作为一个天才，他十分健康活泼，没一点傲气，尽管具备如此渊博的知识和令人震惊的才华。无论是精神还是身体，这孩子的发展都十分完美。据他父亲威特牧师说，这个少年的才能是源于合理的教育，并不是天生。
>
> 卡尔·威特，9岁就具备了十八九岁的青年们都几乎不具备的智力和学识，这是他父亲对他进行早期教育的良好结果。他具备文学、历史和地理等多方面的十分丰富的知识和学问，所以说威特博士的教育方法的成功一点不亚于其儿子的惊人学识，实在令人惊叹。
>
> 由此可知，适当的早期教育可让儿童的能力发展到令人无法置信的程度。经过早期教育的卡尔能熟练地翻译意大利语、拉丁语、法语、英语以及希腊语的诗词和文章。很多学者都曾经考问过他，可是没有一个不为他的学识而折服。

这个令人钦佩的少年十分健康、快活和天真，没有一点其他神童表现出来的傲慢无礼，是个十分难得可贵的少年。只要继续进行合理的教育，其发展是不可估量的。

可是这个少年的父亲家住农村，收入也十分微薄，难以对他继续进行深层的教育，他父亲希望让少年生活在他的身边并上三年大学。所以我呼吁，只要威特博士每一年能有 4 个马克作为生活费，就能够住到莱比锡的城市里，并继续教育这个在大学里学习的少年。为此特请各位能够为其踊跃捐款，金额每年 4 马克，捐助 3 年。

这是世上最美的事业，我深信各位肯定不会甘心看到一个天才被埋没。何况威特博士来到本地也能够宣传这样优质的教育，这对我们的教育研究也有巨大的作用。

琼斯校长的信在社会上引起了巨大反响。虽然我们的预定筹款是 4 马克，但捐款实际上已经达到了 8 个马克。而且，当地政府为了让我继续陪伴卡尔，还专门重新为我安排了牧师工作。

对于人们对我和卡尔的友善和帮助，我真是感激不已。

3. 被国王邀请于哥廷根大学就读

复活节的假日一到，我就带着儿子去旅行，这件事很让人们不解。他们以为我一定会利用假期拼命帮助儿子复习功课，我的朋友们确实是这样规劝我的。但是我却回答道："我从来不打算让儿子作一个供人观赏的玩物，我认为儿子的健康和见闻比学问更加重要。"总之，他们都感到极为惊异。

为了得到国王的辞职许可，我带着儿子卡尔去了卡塞尔。我们到达卡塞尔时，碰巧国王外出访问去了。

于是，拉日斯特大臣接见了我和卡尔。当他一开始见到卡尔时对他的才华表示怀疑，但在交谈一番之后，他开始被卡尔的学识所征服。

记得那天拉日斯特大臣和卡尔对话了接近 3 小时。他提了很多问题，内容涉及文学、地理、天文和历史等很多方面的学问。对于这些问题，卡尔全部作了令拉日斯特大臣满意的解答。

最后，拉日斯特大臣最终确认卡尔是个人才。

第二天，拉日斯特设宴招待我们。皇宫大臣在宴会上也考问了卡尔，结果大家都十分满意。经过协商，他们决定让我们留在国内的哥廷根大学。但我认为不能辜负莱比锡市民们的心意，于是拒绝了大臣们的邀请。

7 月 29 日，我们接到了维尔弗拉得大臣的来信，信中写道：

> 我已经将足下的辞意和卡尔的非凡才学呈报给国王陛下，陛下让我传达他的命令，准许足下在圣诞节后辞去现职。
>
> 陛下说既然国内有优秀的大学，便没有必要到外国去，也不必接受外国人民的资助。
>
> 为迁往哥廷根，希望足下从即日起两个月期间做好离职准备。

就这样，卡尔于同年秋天就读哥廷根大学，共学习了四年。在学习过程中，起初我和他一起去学校，以便我能随行照顾。

卡尔在大学里生活得十分愉快。一般说来，10 岁的少年和一些 20 岁左右青年一起生活学习肯定会十分紧张的，但卡尔并不是这样。

他尽情地参加运动，他能弹琴、绘画，更会跳舞。

复活节的假日一到，我就带着儿子去旅行，这件事很让人们不解。他们以为我一定会利用假期拼命帮助儿子复习功课。我的朋友们确实是这样规劝我的。但是我却回答道："我从来不打算让儿子作一个供人观赏的玩物。我认为儿子的健康和见闻比学问更加重要。"总之，他们都感到极为惊异。

4. 年仅 14 岁的博士

由于他连日来忙于交际，通常晚上很晚才能休息，根本无暇准备，又因为休息时间不充裕，所以有人开始怀疑是不是有底稿。当这位猎奇者绕到卡尔的身后，看到卡尔手上根本没有底稿后就更为惊异了。

第二年，卡尔访问了吉森大学。该大学的哲学教授们热烈欢迎他，并一起讨论了许多关于学术上的问题，最后也承认了他的学术水平（特别是1812 年公开发表的论文价值），在 1814 年 4 月 10 日，校长赫拉马莱博士亲自授予卡尔哲学博士学位。

随后，卡尔又访问池马尔堡大学。据说如果不是吉森大学抢先的话，该大学也会授予他哲学博士。

我们去汉诺威时，卡尔被学校聘请为学生们做报告，因为卡尔曾经在萨尔茨韦德尔做过数学方面的报告。卡尔在接受邀请的第二天，就在中学的大礼堂里做了讲演。

当时 1814 年 5 月 3 日，卡尔年仅 14 岁。

市内的知识分子作为听众看着我的儿子的德语讲得既清晰又流畅。由于卡尔连日来忙于交际，通常晚上很晚才能休息，根本无暇准备，又因为休息时间不充裕，所以有人开始怀疑是不是有底稿。当这位猎奇者绕到卡尔的身后，看到卡尔手上根本没有底稿后就更为惊异了。

卡尔注意到这一点之后，他特地离开自己的讲桌，消除听众的疑虑，这时听众们更是鼓起了热烈的掌声。

儿子从哥廷根大学毕业后，我就在考虑他的出路。

我想，如果想着让卡尔早日成名，最好让卡尔钻研他擅长的某个领域。但经过我的慎重考虑，我放弃了这个想法。

为了让卡尔学到更多的知识，我建议卡尔去学法学。有位数学教授得知此事后深感遗憾，他问我为什么？

我告诉这位数学教授："决定专业方向应该是 18 岁以后的事，在那之前应该学习所有的学问。等到 18 岁以后，如果卡尔喜欢数学的话，那就让他钻研数学。"

这以后，儿子就上了海得尔堡大学学习法学，那时候他的成绩也十分好，同时很受老师和同学们的喜爱。

5. 拥有健康和快乐的天才

我认为，从小就知道真理的儿子，比任何一个小孩都要幸福得多。而且，由于我的教育理念，儿子其实坐在桌子旁一心一意看书的时间是很少的，他拥有更多尽情游戏和运动的时间。

有人问我，卡尔获得的成就是正确教育理念的成果，但是否影响他的健康呢？

这是一个重要问题。其实卡尔不只在小时候，他长大以后身体也一直是十分健康的。

也有人会认为，卡尔一定是每天都光坐在书桌旁啃书长大的，可是事实并不是这样的。

我认为，从小就知道真理的儿子，比任何一个小孩都要幸福得多。而且，由于我的教育理念，儿子其实坐在桌旁一心一意看书的时间是很少的，他拥有更多尽情游戏和运动的时间。

由于卡尔从小知道很多同龄人不知道的事，而且对很多事都有成熟的看法，所以孩子们和他相处都感到很愉快。他的知识水平是其他儿童望尘莫及的，但他却没有骄傲自满，也绝对没有嫌弃其他孩子。

卡尔无论在什么时候都不是给人一个枯燥乏味的书呆子形象，而总是给人以快感。

我认为，卡尔具有完美人格。同时，我也为自己教育儿子的成功感到非常骄傲和自豪。

献给我亲爱的朋友们（后记）

卡尔获得如此巨大的成功，我十分骄傲，但我更高兴的是，我这个教育学说终于被证明是有效的，而不是有些人说的那样是异想天开。

大家可能认为，这本书可以作为教育家的参考资料。其实不然，由于教育家们都敌视我，所以我为他们写参考资料是毫无用处的。我这本书就是为所有关注孩子家庭教育的父母写的。我想大家知道，除了当下流行的教育方式外，还有其他更为有效的方法。

我一向认为，如果教育方法好，大多数孩子都会成为人才。我的儿子能有今天的成绩，都是我教育的结果，我知道人们开始怪罪其他教育家为什么不把孩子也培养成像卡尔那样的人，这种怪罪是不妥的。看过全文的人就会了解本书就在于说明一点：对于孩子来说，假若家庭教育不好，就算让顶尖的教育家去教育，也不会有好的效果。

尽管如此，愿意同意我的教育学说的人依旧很多。但毕竟有人会成为我的知音，裴斯泰洛齐就是当中一个。当人们用怀疑的眼光看待我的时候，他马上就鼓励我说："你的教育法必定成功！"最近他又劝我公开教育法，还有另一位是巴黎大学的朱利安教授。在此，顺便把裴斯泰洛齐先生给我的信公开如下：

我曾记得14年前同你谈过教育问题。当时，你提出要用你的教育法去教育你的孩子。在今天，我看到你儿子受教育的效果比任何人预想的还要好。

但是，不知道真实情况的人也可能怀疑你儿子生下来就是天才。于是，我希望你详细发表你的教育法，证明用你的教育方法会给所有孩子带来好处。这是一件极为有益的事，请你务必慎重考虑。

你的最卑微的仆人和朋友——裴斯泰洛齐

1814 年 9 月 4 日于伊凡尔顿

我就是在他们的再三劝说下，把本书公之于众的。所以，这本书我要首先献给我的朋友们，感谢他们对我的关心。此外，我还要感谢所有曾给予过我们父子帮助的人士、劳斯特博士、居恩博士、莱比锡的好心市民们、杰罗姆国王陛下、布朗斯维克公爵、肯布里基公爵等等，感谢他们无私的善意帮助，我也将这本书献给他们。

老卡尔·威特

1818 年 12 月 20 日于哥廷根